ASIA KOMPASS

Susanne Bodensteiner

VORWORT

Lust auf Sushi, feuriges Curry oder knackiges Gemüse aus dem Wok? Schon mit wenigen Zutaten aus dem Asienladen oder der Exotik-Ecke des Supermarkts lassen sich fernöstliche Genüsse zaubern. Und dieser kleine Kompass hilft Ihnen, geheimnisvolle Gewürzmischungen, unbekannte Kräuter und ungewöhnliche Saucen und Pasten ohne große Sucherei zu finden, perfekt zuzubereiten und richtig aufzubewahren.

Nach einem kleinen Exkurs in die bekanntesten Küchen Asiens und ihre kulinarischen Spezialitäten informieren Sie die Steckbriefe detailliert über die beliebtesten Zutaten von Agar-Agar bis Zitronengras. Sie finden Rezepttipps und Tricks, wie Sie Ungewöhnliches selber machen oder zur Not ersetzen können. Ergänzt wird das Ganze durch (küchen-) praktische Tipps rund um Einkauf und Vorrat sowie das ausführliche Register, in dem die exotischen Zutaten auch unter ihren anderen Namen aufgelistet sind.

Mit den orientalischen Aromen können Sie nicht nur asiatische Spezialitäten originalgetreu zubereiten oder nach Lust und Laune »crossover« kochen: Auch viele Klassiker aus unseren Breitengraden können durch Kombination mit den ungewohnten Zutaten aufgepeppt werden.

Viel Spaß beim Kochen und Experimentieren und guten Appetit!

INHALT
Was finden Sie wo

Indien

Im Land, wo der Pfeffer wächst, werden aromatische Gewürze großzügig eingesetzt. Fertige Mischungen – ob Curry oder Garam Masala – sind verpönt. Die Zusammenstellung der Gewürze, die z.B. für ein Kari, ein Currygericht, verwendet werden, übernimmt jede Köchin und jeder Koch lieber selbst. Nicht nur der Geschmack ist entscheidend, auch das Aroma, der Duft muss stimmen. Und immer spielt auch die jeweilige Wirkung bei der Wahl eines Gewürzes eine wichtige Rolle: Soll das Essen erfrischende Kühle oder wohlige Wärme erzeugen? Soll es Appetit anregen oder den Magen beruhigen? So geben Kurkuma und Kardamom, Kreuzkümmel und Koriander, Zimtrinde, Safran, Senfsamen oder Bockshornklee – fein dosiert und überlegt komponiert – Fleisch-, Fisch- und Gemüsegerichten, Chutneys und Raita-Salaten eine aromatische Würze. Schärfe liefern Pfeffer und Chilischoten, die von den Portugiesen im sechzehnten Jahrhundert aus Amerika mitgebracht wurden und in Indien schnell zum Basisgewürz avancierten. Bei einer typisch indischen Mahlzeit werden alle Speisen in Schüsselchen gleichzeitig auf einer großen Thali, einem Tablett, serviert. Direkt auf die Thali wird der Reis gelegt, bevorzugt Basmati aus den Tälern des Himalaya, der unwiderstehlich duftet. Nordinder lassen sich zu jedem Essen auch frisch gebackenes Brot schmecken, z.B. das fladenförmige Chapati oder Puri, frittiertes Vollkornbrot. Dazu genießen sie (Lamm-)Fleisch und Geflügel – in raffinierten Currys oder auf Spieße gesteckt und im Tandoor, einem konisch geformten Lehmofen, gegart. Hülsenfrüchte – Dal – stehen beinahe täglich auf dem Speiseplan. Als wichtige Eiweißlieferanten spielen sie in allen indischen Regionen eine große Rolle. Besonders in der vegetarischen Küche, die viele streng gläubige Hindus bevorzugen. Unzählige köstliche Gemüsevariationen werden vor allem im fruchtbaren Süden des Subkontinents zubereitet, »trocken« – mit ganzen Gewürzen in Ghee gebraten – oder »feucht« – mit Flüssigkeit gekocht und mit gemahlenen Gewürzen pikant abgeschmeckt.

China

Großartig und komplex wie das Land ist auch seine kulinarische Vielfalt. Feinschmecker finden in China alle Geschmacksrichtungen von mild-salzig oder süß-sauer bis super-scharf. Esskultur hat eine lange Tradition. Schon vor fast 4000 Jahren verfeinerten die Köche ihre in Bronze-Töpfen gegarten Speisen mit Zucker, Ingwer und Reiswein – Zutaten, die neben Knoblauch und Sojasauce auch heute noch einen Stammplatz in der chinesischen Küche haben. Im nördlichen China, mit Beijing (Peking) im Mittelpunkt, stehen Nudelgerichte und Mantou, gedämpftes Brot, auf dem täglichen Speiseplan, seltener Reis, der dort nicht so üppig wächst. Typische Spezialitäten sind Jiaozi, köstlich gefüllte Ravioli, oder Baozi, gedämpfte Teigtaschen, die man mit einem Dip aus Reisessig, Sojasauce und reichlich Knoblauch genießt. Nicht zu vergessen die berühmte Peking Ente. Die Küche im Osten ist durch die Küste geprägt. Dort schmecken Fisch und Meeresfrüchte – süß-sauer zubereitet oder mit (wenig) Sojasauce gewürzt, aber auch Hähnchengerichte, Gemüse und Reis, der reichlich angebaut wird. Scharf gewürzt wird im Westen, in der Provinz Sichuan, in der alten Umschrift Szechuan, mit reichlich Chili, Ingwer, Knoblauch und natürlich mit Sichuan-Pfeffer. Gerichte mit Ente oder Schweinefleisch sind besonders beliebt. Die Natur im fruchtbaren Süden liefert Fleisch, Fisch und Meeresfrüchte ebenso wie tropisches Obst und Gemüse. Dieser kulinarische Reichtum zeichnet die weltweit berühmte Kanton-Küche aus. Dort wurde der Wok erfunden, aus dieser Region stammen berühmte Spezialitäten wie Rindfleisch mit Austernsauce, gebratene Wan-Tan oder Frühlingsrollen. Alle Küchen im Land der Mitte eint die Sorgfalt, mit der die Zutaten ausgewählt, geformt oder geschnitten und zusammengestellt werden. Die Komposition folgt dem Yin-Yang-Prinzip, das jeweils Harmonie oder Kontrast der Zutaten betont. Damit die Vielfalt der Genüsse ausgeglichen, doch niemals langweilig ist.

Thailand

Ein Königreich für Genießer, denn das tropische Klima lässt Ananas und Kokosnüsse, Bananen, Gemüse und Obst in verschwenderischer Fülle gedeihen. Gekocht wird buchstäblich an jeder Straßenecke und rund um die Uhr. In fliegenden Garküchen am Straßenrand, auf grell beleuchteten Nudelbooten oder in noblen Luxusrestaurants werden frisch zubereitete Köstlichkeiten schnell serviert – meist aus dem Wok, der im Gegensatz zum chinesischen einen Stiel hat. Essen ist nicht nur Nahrungsaufnahme, sondern auch wichtig für »Sanuk« – um Spaß zu haben. Früher aßen viele Thais mit den Händen, heute benutzen die meisten Messer und Gabel. Stäbchen werden nur zum Nudelessen verwendet. Bei einem thailändischen Festmahl gibt es Reis und viele Spezialitäten: Fleischspießchen und Dips, feurige und limettenfrische Suppen, mild bis brennend scharf gewürzte Fleisch- und Gemüsecurrys, gedämpften Fisch. Alles wird gleichzeitig gereicht, nur das Dessert – frisches Obst oder Kokosmilch-Spezialitäten – zum Schluss. Kräuterfrische zaubern Koriandergrün und Thai-Basilikum in die Gerichte. Wichtigstes Gemüse ist Wasserspinat, der über offenem Feuer zubereitet wird. Zitronengras, Ingwer und Kaffir-Limettenblätter verleihen der Thai-Küche eine frisch-würzige, Limette und Tamarinde eine säuerliche Note. Chilischoten und Currypasten, die auf thailändischen Märkten in farbenfrohen Variationen von mildscharf bis »extra hot« angeboten werden, sorgen für rasante Schärfe, die durch Kokosmilch ein wenig gemildert wird. Statt Salz würzen Fisch- und Austernsauce Currys und Co.

Indonesien

Ob auf Java oder Bali: Reis gibt es in Hülle und Fülle. Er wird mit Liebe und Sorgfalt gewaschen, gekocht, gedämpft, dann oft trocken gefächelt und auf 100 und eine Art zubereitet: in Kokosmilch gegart, mit Kurkuma und Zimt gelb gefärbt oder auch im Bananenblatt geröstet. Hindus auf Bali essen dazu Spanferkel, was Muslime auf

Java und anderen Inseln nicht anrühren würden. Überall beliebt sind Sojaprodukte wie Tempeh, Sojabrot und Tofu. Auch Geflügel oder Fisch werden gern gegessen, aber in kleinen Portionen. Zu fast jedem Essen steht Krupuk, Krabbenbrot, mit auf dem Tisch. Und natürlich Sambal, die indonesische Würzsauce, die es in vielen Geschmacks-nuancen gibt, z.B. süßlich, fischig oder feurig, in jedem Fall aber chilischarf. Eines der beliebtesten Gerichte in Indonesien ist Nasi Goreng, gekochter Reis, der mit Gewürzen, Gemüsestreifen und – je nach Saison, Region und Finanzlage des Kochs – auch mit geschnet-zeltem Fleisch, Fischstückchen oder Meeresfrüchten gebraten und einem Spiegelei garniert wird. Zitronengras und Knoblauch, Galgant und Ingwer, Tamarinde und Limette sind Basiszutaten, die von Kokosnuss aromatisch ergänzt werden. Lieblingswürze in der indo-nesischen Küche ist eine für europäische Nasen gewöhnungs-bedürftige Paste aus fermentierten Garnelen, die auf Bali sogar Fruchtsalat aromatisiert.

Vietnam

Die vietnamesische Küche mit ihrer Liebe zu frischen Zutaten hat eine lange Tradition. Suppen und Currys werden nicht ganz so scharf gewürzt wie in der thailändischen Küche. Vielmehr spielen frische Gemüse und Kräuter, die in der üppigen Vegetation Vietnams prächtig gedeihen, eine Hauptrolle. Beliebt sind Limettenblätter und Zitro-nengras, köstlich gefüllte Salatpäckchen mit üppiger Kräuter-garnitur, Frühlingsrollen werden in frisches Grün gewickelt, Fisch-gerichten verleiht die in Mitteleuropa unbekannte Reisfeldpflanze ein prickelndes Aroma, großzügig wird Koriander, Thai-Basilikum und vietnamesische Minze über kurz gebratene Fleisch- und Ge-müsespezialitäten gestreut oder über den berühmten Nudeleintopf »Pho«, der in den Straßen Hanois überall an Ständen und in kleinen Restaurants serviert wird. Doch ob Kräuterdip oder Salat, ob Fisch oder Fleisch, Gemüse oder Geflügel: Mit ein paar Tropfen Fischsauce wird jede vietnamesische Spezialität geschmacklich abgerundet.

ASIATISCHE VIELFALT

Korea

Die geographische Nähe zu China und Japan spiegelt sich auch in der Küche wider. Wie bei den regionalen Nachbarn verleihen Sojasauce, Ingwer, Knoblauch und Sesam den Gerichten Geschmack. Und doch haben koreanische Spezialitäten eine eigenständige, feine Note. Eine Mahlzeit besteht aus vielen verschiedenen Gerichten, die alle gleichzeitig serviert werden. Immer dabei ist Kim Chi, eingelegtes, mit Chilischoten scharf gewürztes Kraut. Auch an Bibimpab, gekochtem Reis mit verschiedenen Gemüsen, Fleisch und Ei darf Chili nicht fehlen. Beliebter als in anderen asiatischen Ländern sind süße Speisen.

Japan

Im Inselstaat im nördlichen Pazifik stehen Fisch und Meeresfrüchte auf dem täglichen Speiseplan. Auch ein wichtiges Gemüse stammt aus dem Meer: Japaner mögen Wakame und anderen Seetang als Suppeneinlage, kochen aus Kombu-Algen und Fisch Dashi-Brühe, die – wie hier zu Lande Fleischbrühe – viele Gerichte würzt und auch Basis feiner Suppen ist. Blätter aus Nori-Algen umhüllen Japans berühmte Delikatesse, die Sushi-Röllchen, die in den Metropolen der Welt zum Inbegriff japanischer Kochkunst geworden sind. Dank der hohen Qualität ihrer Zutaten und der raffinierten Einfachheit zeigen sie typische Prinzipien der japanischen Küche, bieten Genuss für Gaumen und Auge. Und sie verbinden die Grundzutaten Fisch und Meerefrüchte mit Japans Nahrungsmittel Nr. 1, dem Reis. Das japanische Wort für Reis »Gohan« bedeutet auch »Essen«. Neben Reis werden auf dem Land Getreide angebaut, wie z.B. Buchweizen, aus dem die beliebten Sobanudeln bestehen, außerdem Gemüse, Kartoffeln und Sojabohnen, die vor allem zu Saucen und Pasten weiterverarbeitet werden.

Viehzucht spielt im buddhistischen Japan keine große Rolle. Gleichwohl gibt es einige berühmte Fleischspezialitäten, die mit Sojasauce und Reiswein eine unverwechselbare Note bekommen: Würzige Yakitori-Hähnchengrillspieße oder Sukiyaki, das japanische

Fleischfondue. Um ohne Fleisch auszukommen, haben die Japaner eine abwechslungsreiche Gemüseküche geschaffen – in Tempurateig ausgebackene frische Köstlichkeiten etwa begeistern Feinschmecker in aller Welt. Wichtige Eiweißlieferanten sind auch die Sojabohnenprodukte Tofu und Miso. Tofu kann frittiert, gebacken, gekocht, gegrillt oder als Dessert serviert werden. Miso, eine würzige bis scharfe Sojabohnenpaste, ist Basis der berühmten Misosuppe, die Japaner traditionell schon zum Frühstück schlürfen. Überhaupt dürfen Brühen und Suppen bei keiner Mahlzeit fehlen. Übrigens gehört geräuschvolles Schlürfen in Japan zum guten Ton.

Malaysia

Chinesische, indische und muslimische Einflüsse haben in der Küche Malaysias und Singapurs ihre Spuren hinterlassen. Traditionelle Zutaten sind Fisch und Meeresfrüchte, Kokosmilch, Chilies und Zitronengras. Malaysisches Kokoshähnchen aber wird beispielsweise auch mit reichlich Kurkuma, Koriander und Kreuzkümmel aromatisiert – Gewürze, die traditionell in der indischen Küche eine bedeutende Rolle spielen. Schweinefleisch wird in Singapur, dessen Bevölkerung überwiegend chinesisch ist, gern gegessen, in Malaysia hingegen, mit seinem überwiegenden Anteil muslimischer Bewohner, jedoch abgelehnt.

Die berühmte Nonya-Küche hat sich als Küche chinesischer Einwanderer seit dem sechzehnten Jahrhundert in Malaysia und Singapur entwickelt. Sie verbindet chinesische Zutaten (beispielsweise Reisnudeln) und Kochtraditionen (etwa das Pfannenrühren) mit der malaysischen Vorliebe für scharfe Gewürze (vor allem Chili). Auch die in China unüblichen Ingredienzen wie Zitronengras, Galgant oder Kokosnüsse werden in der Nonya-Küche verwendet. Spezialität ist Laksa, ein Nudelgericht, das mit Fleisch, Fisch oder Meeresfrüchten und vielen Gemüsen zubereitet und mit frischen Kräutern großzügig bestreut wird.

AGAR-AGAR
Verdickungsmittel E 406

Rein pflanzliches Geliermittel aus getrockneten, gepressten Rotalgen.

➤ **Verwendung:** Wichtigstes Geliermittel, vor allem für fruchtige Süßspeisen.

➤ **Geschmack:** Zunächst salzig, nach dem Kochen neutral.

➤ **Angebot:** Als Pulver, in Form getrockneter Algenfäden oder am Stück, z.B. in Stangenform.

➤ **Qualität/Einkauf:** Im Asienladen wird Agar-Agar vor allem am Stück angeboten. Agar-Agar-Pulver läßt sich einfacher dosieren. Im Reformhaus, Bioladen oder Supermarkt.

➤ **Zubereitung:** Je nach Marke schwankt die Bindefähigkeit von Agar-Agar, deshalb immer die Packungsanleitung beachten! In der Regel reicht 1 TL Agar-Agar, um einen halben Liter Flüssigkeit gelieren zu lassen. Enthält die Flüssigkeit Säure (z.B. Zitronensaft) oder Fett, steigt der Bedarf. Agar-Agar muss 1-2 Minuten kochen, um seine Gelierfähigkeit zu entwickeln. Für heiß zubereitete Speisen Agar-Agar-Pulver in 2 EL kalter Flüssigkeit auflösen, die restliche Flüssigkeit zum Kochen bringen, Agar-Agar unterrühren und alles 2 Minuten köcheln lassen. Für kalte Desserts 100-200 ml Flüssigkeit von den Zutaten abnehmen, das Agar-Agar einrühren und 2 Minuten kochen. Handwarm abkühlen lassen und rasch unter die kalten Zutaten rühren.

➤ **Lagerung/Haltbarkeit:** Nahezu unbegrenzt haltbar, wenn es trocken und kühl aufbewahrt wird.

➤ **Ersatz:** Gelatine, 5-6 Blatt oder ein Päckchen gemahlene Gelatine für 500 ml Flüssigkeit. Gelatine wird im Gegensatz zu Agar-Agar nicht gekocht!

➤ **Wissenswert:** Reich an Spurenelementen, vor allem Jod. Vegetarier verwenden das pflanzliche Bindemittel als Ersatz für die aus Tierknochen gewonnene Gelatine.

Dickflüssige braune Würzsauce aus frischen Austern, Stärkemehl, *Sesam, Zucker, Salz und Gewürzen oder auch aus *Sojasauce, Austernextrakt und Gewürzen.

➤ **Herkunft:** China, Thailand.

➤ **Verwendung:** Allround-Würze in der chinesischen Kanton-Küche. Zum Marinieren und Würzen von Fleisch, Fisch und Geflügel, zum Aromatisieren von gegartem Gemüse und zum Dippen. Berühmt: Gebratenes Rindfleisch mit Austernsauce. In Thailand, Laos und Kambodscha wird Austernsauce nur selten verwendet – meist zusammen mit *Fischsauce zum Abschmecken von Saucen.

➤ **Geschmack:** Würzig-salzig, leichtes Meeraroma.

➤ **Angebot:** In Flaschen.

➤ **Sorten:** Original chinesische Austernsauce wird ohne Sojasauce hergestellt. Sie ist dickflüssiger als die Variante aus Austernextrakt und Sojasauce. Es gibt auch eine vegetarische Version auf Basis von Extrakt von *Shiitake-Pilzen.

➤ **Qualität/Einkauf:** Große Auswahl im Asienladen, aber auch im gut sortierten Supermarkt, teilweise unter dem Namen »Oyster Sauce«. Qualität hat ihren Preis, sehr günstige Austernsauce ist nicht empfehlenswert.

➤ **Zubereitung:** Vor jeder Verwendung schütteln! Für Fleisch-, Fisch- oder Geflügelmarinade die Austernsauce mit etwas Wasser oder Reiswein verdünnen. Fleisch- und Gemüsegerichte können auch nach dem Garen mit Austernsauce abgeschmeckt werden. Zum Dippen die Austernsauce pur oder mit etwas Öl vermischt in kleinen Schälchen am Tisch servieren.

➤ **Lagerung/Haltbarkeit:** Flasche nach dem Öffnen gut verschlossen im Kühlschrank aufbewahren.

➤ **Ersatz:** *Sojasauce oder *Fischsauce.

BAMBUSSPROSSEN
Bambusschößlinge, Bambusspitzen

Spargelartige junge, noch nicht verholzte, elfenbeinfarbene Sprossen verschiedener Bambusarten mit knackigem Biss.

➤ **Herkunft:** China (vor allem Süden und Westen), Indien, Thailand.

➤ **Verwendung:** Das herrlich zarte Gemüse ist eine typische Zutat asiatischer, vor allem chinesischer Gemüse- und Fleischgerichte.

➤ **Geschmack:** Mild-erfrischend.

➤ **Angebot:** In Asien-Läden manchmal frisch. Meist geschält und vorgekocht in Dosen oder Gläsern. Im Ganzen, in Scheiben oder Streifen, manchmal sauer eingelegt. Auch im Supermarkt erhältlich.

➤ **Sorten:** In China unterscheidet man je nach Erntesaison Bambus des Winters und des Frühlings. Wintersprossen sind zart, nahrhaft und besonders fein im Geschmack, Frühlingssprossen dagegen eher blass und faserig.

➤ **Qualität/Einkauf:** Frisch riechen sie etwas streng, müssen geschält und vorgekocht werden. Bei Verwendung vorgekochter Bambussprossen aus der Dose sind ganze Bambussprossen empfehlenswert. Sie schmecken in der Regel aromatischer und knackiger als geschnittene Sprossen.

➤ **Zubereitung:** Frische Bambussprossen müssen geschält und mindestens 5 Minuten gekocht werden, um das giftige Blausäureglycosid zu zerstören. Beim Kochen verliert sich auch der bittere Geschmack – noch besser, wenn eine Chilischote mitgegart wird. Konservierte Bambussprossen in ein Sieb abgießen, gründlich abspülen und je nach Rezept weiterverarbeiten.

➤ **Lagerung/Haltbarkeit:** Reste aus angebrochenen Dosen in ein gut schließendes Gefäß umfüllen. Mit Wasser bedeckt halten sie sich im Kühlschrank mindestens eine Woche. Wasser täglich wechseln.

➤ **Ersatz:** Eigentlich keiner, notfalls Spargel.

B
BATATE
Süsskartoffel

Stärkereiche Knollen mit rötlicher Schale und gelb-orange-farbenem Fleisch, deren Konsistenz der von mehligkochenden Kartoffeln ähnelt.

➤ **Herkunft:** Ursprünglich vermutlich Amerika, heute Südasien (vor allem Indonesien), China sowie auch Afrika.

➤ **Verwendung:** In China, Japan, Malaysia, Indonesien und auf den Philippinen für Süßspeisen und Gemüsecurrys, als Beilage zu Fleischgerichten oder Reis. Auch in Scheiben geschnitten und getrocknet als Chips.

➤ **Geschmack:** Deutlich süße Note.

➤ **Angebot:** Frisch im Asienladen, im gut sortierten Feinkost- und Gemüsegeschäft.

➤ **Qualität/Einkauf:** Gute Knollen sehen prall und fest aus.

➤ **Zubereitung:** Bataten geschält oder ungeschält wie Kartoffeln in nur ganz leicht gesalzenem Wasser kochen. Je nach Größe nach dem Aufkochen 20-30 Minuten köcheln lassen, mit einer Gabel den Garzustand prüfen. Rohe Bataten sind fester als europäische Kartoffeln und lassen sich schwerer schälen.

➤ **Rezepttipp:** Bataten in süßer *Kokosmilch – ein unkompliziertes Dessert aus der indonesischen Küche: 400 ml *Kokosmilch erhitzen, 50 g *Palmzucker darin auflösen. 400 g geschälte und gewürfelte Bataten in der süßen Kokosmilch mit 1 Prise Salz in etwa 20 Minuten weich kochen. Heiß oder kalt servieren.

➤ **Lagerung/Haltbarkeit:** Kühl und dunkel lagern.

➤ **Ersatz:** Mehligkochende Kartoffeln, allerdings verleihen diese dem Gericht nicht das gleiche Aroma.

BLATTGEMÜSE

In ganz Asien sind grüne Blattgemüse eine beliebte Beilage, weil sie reich an Vitaminen und Eisen und zudem preiswert sind. Einige der in der asiatischen Küche verwendeten Gemüsesorten werden nur im Asienladen oder Feinkostgeschäft mit sehr gut sortierter, großer Gemüseabteilung angeboten.

➤ **Chinakohl:** In seiner Heimat kennt man über 700 Sorten. In China ist der »große weiße Kohl«, so die Übersetzung des chinesischen Namens **Da Baicai**, Gemüse Nr. 1. Vor allem in Chinas Norden, dort wird er sogar mit süßem Geschmack zubereitet. Eine koreanische Spezialität ist »Kim Chi«, eingelegter und scharf gewürzter Chinakohl. In Mitteleuropa hat Chinakohl von September bis März Saison. Das anspruchslose Gemüse schmeckt roh als Salat, kurz gegart oder pfannengerührt. Chinakohl ist bei kühler, dunkler Lagerung im Keller bis zu einen Winter lang haltbar. Und auch im Gemüsefach des Kühlschranks bleibt er in Papier verpackt viele Tage frisch.

➤ **Bok choy,** auch **Pak choy, Paksoi, Senfkohl** oder **Chinesischer Blätterkohl** genannt, ist das meist verwendete Gemüse in der fernöstlichen Küche. Botanisch gesehen ist er mit Chinakohl und Mangold verwandt, geschmacklich aber sehr viel feiner und mit leichter Senfnote. Da er auch in den Niederlanden angebaut wird, wird er hier zu Lande oft frisch angeboten. Im Asienladen ist außerdem in Salzlake eingelegter Bok choy erhältlich. Das Grüngemüse mit den kräftigen breiten Stielen und den grünen Blättern kann nicht lange aufbewahrt werden. Nach dem Einkauf möglichst rasch zubereiten. Bok choy kann roh als Salat verzehrt oder als Gemüse kurz gegart werden. Auch die Stiele schmecken – fein geschnitten – als Rohkost oder gegart. Beim Einkauf darauf achten, dass die Stiele fest und hell, die Blätter makellos sind.

➤ **Choy sum** heißt auch **Choy sam** oder **chinesischer Blütenkohl.** Er hat hellgrüne lange Stiele, weiche grüne Blätter und winzige

gelbe Blüten. Blätter und Blüten schmecken senfartig mit leicht bitterer Note und dürfen nur ganz kurz gegart werden. Die Stiele sind knackig und saftig und haben eine etwas längere Garzeit.

➤ **Gai larn** bekommt man bei uns auch als **chinesischen Brokkoli.** Dabei hat er äußerlich wenig mit unserem Brokkoli gemeinsam. Typisch sind die runden, fleischigen Stängel und die großen dunkelgrünen Blätter sowie kleine weiße Blüten. Besonders die saftigen Stiele werden gern gegessen. Geschmacklich erinnert Gai larn an Mangold und Brokkoli.

➤ **Wasserspinat** ist im südostasiatischen Raum beliebt, in Vietnam ist er ein Nationalgericht. Dort heißt er **Rau muong,** im thailändischen oder indonesischen Feinkostgeschäft auch **Kangkung.** Wasserspinat hat knackige Stiele und weiche Blätter und darf nur kurz gegart werden. Ein guter Ersatz ist frischer Blattspinat.

Tipps:

➤ Beim Einkauf auf eine kräftige Farbe und knackige Blätter achten.

➤ Blattgemüse immer mehrmals in kaltem stehendem Wasser waschen. Gelbe oder verwelkte Blätter entfernen. Die Stiele können meist mitgegessen werden.

➤ Eine einfache Art der Zubereitung: 500 g Blattgemüse waschen, Stiele kürzen, Blätter in feine Streifen schneiden. Reichlich Salzwasser aufkochen. Blätter darin 1-2 Minuten blanchieren, bis sie gar, aber noch knackig sind. In ein Sieb abgießen. In einer Pfanne 1 klein gehackte Knoblauchzehe in 1 EL Öl kurz andünsten, 1-2 EL *Austern- oder *Sojasauce, 1 Prise Zucker und eventuell etwas Wasser miterhitzen. Sauce sofort mit dem abgetropften Blattgemüse und 1 EL Sesamöl vermischen.

➤ Als Ersatz für asiatische Blattgemüse können Sie Mangold oder auch Endivie verwenden.

BOCKSHORNKLEE
Griechischer Heusamen, Käseklee, Kuhhornklee

Orange-braune getrocknete Samen der Bockshornkleepflanze.

➤ **Herkunft:** Ursprünglich Mittelmeerländer und Kleinasien, heute auch Vorderasien, Indien, China, Argentinien.

➤ **Verwendung:** Sparsam zu dosierendes Gewürz der indischen, vor allem südindischen Küche. Selten solo, meist in Würzmischungen, z.B. in *Currypulver. In Sri Lanka auch Zutat von Meeresfrüchte-Currys.

➤ **Geschmack:** Intensiv-würzig mit leicht bitterer Note (verliert sich beim Erwärmen). Markanter bis aufdringlicher Geruch.

➤ **Angebot:** Ganze Samen und Pulver. Manchmal auch grüne Bockshornkleeblätter, die zum Würzen indischer Dal- und Reisgerichte verwendet werden können.

➤ **Qualität/Einkauf:** Als Bockshornkleesamen, ganz oder zu Pulver gemahlen, im Asienladen, Feinkostgeschäft oder Supermarkt.

➤ **Zubereitung:** Bockshornklee anrösten – trocken oder in Öl – oder mitkochen, damit er seine Bitterkeit und den aufdringlichen Geruch verliert. Dann mahlen oder im Mörser zerstoßen. Wegen des intensiven Aromas nur sparsam verwenden.

➤ **Lagerung/Haltbarkeit:** Wenig empfindlich. In einem dicht schließenden Gefäß kann er bis zu drei Jahren im Vorratsschrank aufbewahrt werden. Pulver innerhalb eines Jahres verbrauchen.

➤ **Wissenswert:** Bockshornklee würzt in den Alpenländern auch Brot, Käse und Kräuterbutter, in Russland Kartoffel-, Zwiebel- und Pilzsuppen. Geröstete Bockshornkleesamen dienen in Indien, China, Russland und der Türkei als Kaffeesurrogat.

Keimlinge von Mungo-, Azuki- oder Sojabohnen.

➤ **Verwendung:** In China und Thailand werden sie roh oder gedämpft für pfannengerührte Gerichte, Suppen und Salate verwendet.

➤ **Geschmack:** Knackig frisch. Mungobohnenkeimlinge haben eine leicht süßliche Note, Sojabohnen und Azukibohnen ein erbsenähnliches Aroma, Azukibohnen sind jedoch süßlicher.

➤ **Angebot:** Frisch, in Gläsern und Dosen.

➤ **Sorten:** Sojabohnensprossen und Azukibohnekeimlinge müssen vor dem Verzehr unbedingt blanchiert oder gegart werden. Mungobohnensprossen sind billiger, schmecken besser und können roh verzehrt werden. Sojabohnensprossen sind besonders nährstoffreich.

➤ **Qualität/Einkauf:** Bohnensprossen aus dem Glas schmecken oft langweilig, deswegen frische Sprossen bevorzugen. Sie sind ganzjährig im Asienladen, Supermarkt, Reformhaus, Bioladen und beim Gemüsehändler erhältlich. Die Keimlinge sollten knackig und frisch aussehen und weder braune noch faule Stellen aufweisen.

➤ **Zubereitung:** Keimlinge der gelben Sojabohne und der dunklen Azukibohne unbedingt vor dem Verzehr blanchieren oder mitgaren, rohe Sprossen enthalten einen giftigen Stoff.

➤ **Lagerung/Haltbarkeit:** Frische Sprossen möglichst umgehend verzehren, luftdicht verpackt maximal zwei Tage im Kühlschrank aufheben. Keimlinge aus angebrochenen Konserven in ein gut schließendes Gefäß umfüllen. Sie halten sich im Kühlschrank noch ein bis zwei Tage.

➤ **Ersatz:** Andere frische Keimlinge, z.B. von Luzerne (Alfalfasprossen), Linsen oder Kichererbsen.

➤ **Wissenswert:** Botanisch korrekt heißen Sprossen Keimlinge. Sie enthalten viel Eiweiß, reichlich Vitamine und Mineralstoffe und sind eine wichtige Zutat in der vegetarischen Ernährung.

CASSIAZIMT
Zimtrinde, Kassiazimt, chinesischer Zimt

Rinde des Cassiazimtbaums.

➤ **Herkunft:** Südchina, Laos, Vietnam, Indonesien, Japan, Indien.

➤ **Verwendung:** In China und Sri Lanka zum Würzen pikanter Gerichte beliebt. In der indischen Küche wichtiges Würzmittel von Hähnchen- oder Lammcurrys, Eier- und Reisgerichten. Cassiazimt ist Bestandteil der *Garam Masala-Würzmischung und der scharfen Vindaloo-Paste, die aus verschiedenen gemahlenen Gewürzen und Zwiebeln besteht. Für Süßspeisen wird die Zimtrinde nur selten verwendet, manchmal für heiße Getränke (z.B. Punsch).

➤ **Geschmack:** Würzig-kräftig bis brennend.

➤ **Angebot:** Stangen und fein gemahlen als Pulver.

➤ **Sorten:** Cassiazimt ist dunkler, dickrindiger und weniger fein-aromatisch als der in Europa verbreitete Caneel-Zimt (Cinnamomum verum) aus Ceylon. Cassiazimt weist einen intensiveren Geschmack und eine kräftigere Würze auf.

➤ **Qualität/Einkauf:** Der Kauf lohnt nur, wenn man gern indisch kocht oder häufig pikante Gerichte mit Zimt würzt. In allen anderen Fällen kann Cassiazimt durch Ceylonzimt ersetzt werden. Empfehlenswert ist, ganze Zimtrindenstücke zu kaufen und im Mörser selbst zu zerstoßen. Wie bei allen gemahlenen Gewürzen mit ätherischem Öl verfliegt das Aroma von Zimtpulver schnell.

➤ **Zubereitung:** Je nach Rezept das Gericht abschließend mit Cassiapulver abschmecken oder ganze Zimtrinde vor der Verwendung anrösten, mitgaren und vor dem Servieren entfernen.

➤ **Lagerung/Haltbarkeit:** Cassiazimtrinde behält – trocken gelagert – lange ihre Würzkraft. Pulver in einem dicht schließenden Gefäß aufbewahren und möglichst innerhalb eines halben Jahres aufbrauchen.

➤ **Ersatz:** Ceylonzimtstangen (Caneel-Zimt).

Fein vermahlene oder grob zerstoßene rote *Chilischoten.

➤ **Verwendung:** In ganz Asien zum Würzen feurig-pikanter Gerichte.

➤ **Geschmack:** Brennend scharf.

➤ **Sorten:** Meist werden 5-6 cm große rote Chilischoten mit den Samen zu Pulver oder Schrot vermahlen. Diese rein vermahlenen Schoten kommen als Cayennepfeffer in den Handel. Chilipulver (z.B. aus Mexiko) kann mit anderen Gewürzen (z.B. *Koriander, *Kreuzkümmel, Salz) verfeinert sein.

➤ **Qualität/Einkauf:** Chilipulver oder Cayennepfeffer im Supermarkt. Die Packungsaufschrift gibt Auskunft, ob noch andere Gewürze vermahlen wurden. Chiliflocken gibt es (auch als geschrotete Chilies) im Asienladen, Feinkostgeschäft und oft auch beim italienischen oder türkischen Lebensmittelhändler.

➤ **Zubereitung:** Chilipulver oder -flocken messerspitzenweise verwenden. Chilischärfe überlagert schnell den Geschmack anderer Zutaten – würzen Sie lieber nach. Achtung: Das Pulver nie mit den Fingern dosieren (als Prise) – die Schärfe dringt in die Haut und lässt sich nicht so einfach wegwaschen.

➤ **Lagerung/Haltbarkeit:** In einem dicht schließenden, dunklen Gefäß aufbewahren, das Aroma verfliegt schnell.

➤ **Ersatz:** Normaler *Pfeffer; dieser verleiht den Gerichten allerdings eine andere Note! Aromatischer als Pulver sind frische Chilischoten.

➤ **Wissenswert:** Chinesen und Thailänder schmecken Speisen gern mit Chilisauce ab, einer süß-sauer-scharfen Sauce, die aus *Chilischoten, Zucker, Essig und anderen Gewürzen hergestellt und zum Dippen oder Nachwürzen serviert wird. Spezialmischungen für Frühlingsrollen oder Hähnchen sind im Asienladen erhältlich. Wer zu viel Chilischärfe erwischt hat, löscht das Feuer besser mit einem Stück Brot als mit einem Schluck Wasser.

CHILISCHOTE
Spanischer Pfeffer, Peperoncino

Grüne (unreife) oder rote (reife) Frucht des Chilistrauchs, Verwandte des Paprikas.

➤ **Herkunft:** Ursprünglich Amerika. Portugiesen brachten den Strauch nach Indien und Europa.

➤ **Verwendung:** »Scharfmacher« in jeder asiatischen Küche. In thailändischer *Currypaste, indonesischem *Sambal und vielen anderen asiatischen Würzmischungen enthalten.

➤ **Geschmack:** Mildscharf bis superfeurig.

➤ **Angebot:** Frisch, getrocknet oder in Salzlake oder Essig eingelegt.

➤ **Sorten:** Die Farbe weist nur auf den Reifegrad, nicht auf die Schärfe hin. Faustregel: Je kleiner, desto schärfer. Ausnahme: Richtig hot schmecken auch die bis zu 20 cm großen, dickeren Chilischoten, wenn sie knallrot sind. Ansonsten bieten die kleinen Vogelaugenchili, Bird Eye-Chilis, das Maximum an Feuer. 5-6 cm große Schoten können noch mithalten. Dünne lange Chilis, »long red«, »long green«, sind etwas milder und in der südostasiatischen Küche beliebt.

➤ **Qualität/Einkauf:** Frische und getrocknete Chilischoten in verschiedenen Farben und Größen sind ganzjährig im Asienladen, Feinkostgeschäft, Supermarkt, Discounter sowie beim türkischen oder italienischen Gemüsehändler erhältlich.

➤ **Zubereitung:** Chilischoten waschen und im Ganzen mitkochen. Oder den Stiel entfernen und die Schote fein schneiden, getrocknete einfach zerkrümeln. Wer es milder mag, entfernt Kerne und Scheidewände. Vorsicht: Die Schärfe klebt lange an den Fingern, mit Gummihandschuhen arbeiten oder hinterher gründlich Hände waschen, auf keinen Fall in die Augen kommen lassen.

➤ **Lagerung/Haltbarkeit:** Frische Schoten im Gemüsefach des Kühlschranks. Getrocknete vor Feuchtigkeit schützen, sie können schimmeln.

➤ **Ersatz:** Statt frischer Schoten getrocknete oder eingelegte (vorher abspülen) Chilischoten oder *Chilipulver verwenden.

Pastenartige Würzmischung auf Basis von *Chilischoten mit Kräutern und Gewürzen. Manchmal mit Erdnüssen.

➤ **Herkunft:** Thailand, auch Indien.

➤ **Verwendung:** Unerlässliches Würzmittel für Thai-Currys, Nudel- und Reisgerichte.

➤ **Geschmack:** Höllisch scharf bis scharf-würzig.

➤ **Angebot:** In Gläsern, Dosen, vakuumverpackt in Kunststofftüten.

➤ **Sorten:** Rote (rote *Chilischoten), gelbe (mit *Currypulver oder *Kurkuma) und grüne (grüne *Chilis und Kräuter) Currypaste. Die grüne gilt als die schärfste. Welche Paste wofür verwendet wird, ist reine Geschmackssache. Klassisch: Grün für Gemüse, Gelb für Geflügelcurrys, Rot zu Shrimps und dunklem Fleisch. Die rotbraune Variante Panang-Currypaste schmeckt meist superscharf, die mildsäuerliche Musaman-Paste wird meist mit indischen Gewürzen zubereitet und gern zu Fleisch, nie jedoch zu Schweinefleisch gereicht.

➤ **Qualität/Einkauf:** Gut sortierte Asienläden bieten oft eine größere Auswahl. Lassen Sie sich beraten. Kleine Mengen kaufen und dafür einfach mehrere Farben und Sorten durchprobieren. Je nach Hersteller variieren Aroma und Würzkraft.

➤ **Zubereitung:** Je nach Rezept mitanbraten oder mitkochen. Curry-Paste stinkt oft beim Anbraten, um das zu vermeiden, erst später unterrühren. Vorsichtig dosieren, am besten teelöffelweise, und lieber nachwürzen.

➤ **Lagerung/Haltbarkeit:** Vakuumverpackte Currypaste in ein dicht schließendes Gefäß umfüllen, dann bleibt sie im Kühlschrank bis zu einem halben Jahr aromatisch.

➤ **Ersatz:** Trockene Gewürze, z.B. *Curry- oder *Chilipulver. Allerdings erhält das Gericht dadurch eine andere Note und Konsistenz.

➤ **Wissenswert:** Auch indische, in Öl konservierte Gewürze heißen Currypaste. Diese Mischungen sind oft fein abgestimmt auf bestimmte Regionalküchen (z.B. Madras) oder Gerichte.

CURRYPULVER

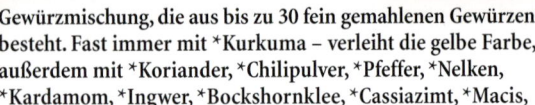

Gewürzmischung, die aus bis zu 30 fein gemahlenen Gewürzen besteht. Fast immer mit *Kurkuma – verleiht die gelbe Farbe, außerdem mit *Koriander, *Chilipulver, *Pfeffer, *Nelken, *Kardamom, *Ingwer, *Bockshornklee, *Cassiazimt, *Macis, *Kreuzkümmel o.a.

➤ **Verwendung:** Wichtigste Würzmischung in Indien. Auch beliebt in den Küchen Singapurs, Malaysias, der Philippinen und Sri Lankas.

➤ **Geschmack:** Unterschiedlich, in jedem Fall scharf-würzig.

➤ **Angebot:** Fein gemahlen als Pulver.

➤ **Sorten:** Große Unterschiede je nach Marke und Mischung. Besonders scharf schmecken Madras-Curry und das rote, dunkel geröstete Ceylon-Curry, milder sind Bengal-Curry und »englische« oder »indische« Currymischungen.

➤ **Qualität/Einkauf:** Beim Kauf nicht sparen! Günstige Mischungen schmecken durch den Zusatz von großen Mengen billigen *Kurkumas leicht erdig und wenig markant. Teilweise sind sie mit Hülsenfruchtmehl, Stärke oder Dextrose gestreckt. Nur kleine Mengen kaufen, da das Aroma schnell verfliegt.

➤ **Zubereitung:** Jedes neue Currypulver zunächst vorsichtig dosieren. Es kann viel schärfer als Ihre bisher gewohnte Mischung schmecken. Als »Löffelgewürz« darf Curry ruhig teelöffelweise dosiert werden. Je schärfer das Gericht, desto mehr Fett braucht es. Curry am besten gleich am Anfang der Zubereitung in Fett anbraten.

➤ **Rezepttipp:** Für Curryreis 1 gehackte Zwiebel und 1 TL Currypulver in 1 EL *Ghee andünsten, 250 g Langkorn-Reis darin glasig werden lassen, mit 500 ml Wasser ablöschen und aufkochen. Den Reis zugedeckt bei sehr schwacher Hitze ca. 20 Min. quellen lassen.

➤ **Lagerung/Haltbarkeit:** Trocken und dunkel lagern. Das Aroma nimmt innerhalb eines halben Jahres spürbar ab.

➤ **Wissenswert:** Getrocknete Curryblätter stammen vom Currybaum, haben Curryaroma und werden wie Lorbeerblätter verwendet.

DAIKON
Japanischer Meerrettich

Weißer, länglicher, schmaler Rettich.

➤ **Herkunft:** Japan, China.

➤ **Verwendung:** In der japanischen und chinesischen Küche wird geriebener Daikon zu Fleischgerichten serviert. Gekochter Daikon in Japan auch als Gemüsebeilage oder roh in feinen Streifen zu Salaten oder Sashimi.

➤ **Geschmack:** Mild-würzig, nicht so scharf wie europäische Meerrettichsorten.

➤ **Angebot:** Frisch, eingelegt und getrocknet in Streifen.

➤ **Qualität/Einkauf:** Im Asienladen. Frischer Daikon-Rettich sollte schön prall und fest sein, darf nicht schrumpelig aussehen oder biegsam sein.

➤ **Zubereitung:** Frischen Daikon dünn abschälen oder sehr gründlich abbürsten. Je nach Rezept fein reiben oder zum Kochen quer in runde Scheiben schneiden. Für feine Julienne-Streifen längs in dünne Scheiben hobeln oder mit dem Sparschäler abschaben, dann Scheiben in hauchdünne, lange Streifen schneiden. Getrocknete Daikon-Streifen vor der Zubereitung in Wasser einweichen.

➤ **Rezepttipp:** Für die japanische Spezialität Sushimi fein geschnittenen oder geriebenen Daikon als würzige Beilage zu dünn geschnittenen, frischen, rohen Fischfilets (z.B. von Tunfisch, Lachs oder Lachsforelle) servieren. Dazu japanische *Sojasauce und *Wasabipaste reichen.

➤ **Lagerung/Haltbarkeit:** Im Gemüsefach des Kühlschranks hält sich frischer Daikon einige Tage.

➤ **Ersatz:** Milder europäischer Rettich (große Wurzeln schmecken meist milder).

➤ **Wissenswert:** Aus Daikon-Rettich werden auch Sprossen gezogen. Daikon-Kresse bekommt man in Japanläden. Japanische Köche würzen damit Suppen oder garnieren damit kalte und warme Speisen.

23

D

DASHI-BRÜHE

Japanisches Pendant zu unseren Fleisch- und Gemüsebrühen aus getrockneten japanischen Kombu-Algen und Bonitoflocken. Bonito ist ein Fisch aus der Tunfischfamilie, dessen Filets getrocknet und geschabt werden.

➤ **Herkunft:** Japan.

➤ **Verwendung:** Grundlage für Suppen, Saucen, Fischgerichte.

➤ **Geschmack:** Salzig-würzig, deutlich nach Fisch und Algen.

➤ **Angebot:** Als Instant-Brühe in Pulver-Form. Es gibt auch Kombu-Algen und Bonitoflocken, die Zutaten für selbst gekochte Dashi-Brühe.

➤ **Sorten:** In Japan unterscheidet man Ichiban-Dashi und Niban-Dashi. Niban-Dashi schmeckt weniger fein, denn sie wird aus den bereits für Ishiban-Brühe verwendeten Kombu-Algen und Bonitoflocken geköchelt. Dafür hat sie intensiveres Aroma, denn sie wird wie eine Consommé reduziert.

➤ **Qualität/Einkauf:** Instant-Brühe ist im Asienladen und Supermarkt erhältlich. Dashi-Brühe kann auch frisch zubereitet werden.

➤ **Zubereitung:** Nach Packungsanweisung Dashi-Pulver oder gekörnte Dashi-Brühe in kochendes Wasser einrühren.

➤ **Selbst gemacht:** Für 1 l Ichiban-Dashi 1 großes Stück Kombu mit einem Tuch abwischen und mit 1 l kaltem Wasser zum Kochen bringen. Kombu herausfischen, sobald das Wasser köchelt. Aufkochen lassen, 4 EL Bonitoflocken einrühren, erneut aufkochen lassen. Ein Sieb mit einem feinen Tuch auslegen. Wenn die Flocken nach 1-2 Min. auf den Boden sinken, durch das Sieb abseihen. Für Niban-Dashi die verwendete Kombu und die Bonitoflocken plus 2 EL Bonitoflocken erneut in gut 1 l Wasser aufkochen. Kombu herausfischen, sobald das Wasser köchelt. Die Brühe offen weiterköcheln lassen, bis sie um ein Drittel reduziert ist. Abseihen.

➤ **Lagerung/Haltbarkeit:** Abgekühlte Brühe im Kühlschrank ein bis zwei Tage aufheben oder portionsweise einfrieren.

➤ **Ersatz:** Gemüsebrühe oder Fischfond.

DAUN-SALAM-BLATT
Indonesischer Lorbeer

Getrocknete Blätter des Daun-Salam-Baums, die wie Lorbeerblätter zum Würzen verwendet werden. Fälschlicherweise wird Daun-Salam auch »indischer Lorbeer« genannt.

➤ **Herkunft:** Südostasien.

➤ **Verwendung:** In der malaysischen und indonesischen Küche zum Würzen von Fleisch-, Geflügel- und Gemüsecurrys.

➤ **Geschmack:** Wenig Eigengeschmack. Werden die Blätter mitgegart, verleihen sie Gerichten ein herbes bis leicht bitteres, aber nicht sehr intensives Aroma.

➤ **Angebot:** In Tüten mit ganzen oder gebrochenen Blättern.

➤ **Zubereitung:** Wie Lorbeerblätter mitgaren, eventuell zuvor kurz in Öl anbraten. Vor dem Servieren entfernen.

➤ **Lagerung/Haltbarkeit:** Luftdicht abgeschlossen aufbewahren. Die Blätter dürfen nicht feucht werden.

➤ **Ersatz:** Lorbeerblätter oder Curryblätter können Daun-Salam-Blätter ersetzen, verleihen dem Gericht aber eine andere Note.

➤ **Wissenswert:** Der indonesische Name »Daun Salam« bedeutet wörtlich übersetzt »Heiliges Blatt«. Der Name »indischer Lorbeer« ist irreführend und führt zu Verwechslungen mit Curryblättern. Er stammt aus einer Zeit, als Indonesien noch als Ostindien bezeichnet wurde.

FISCHSAUCE
Naam plaah (thail.), Nuoc mam (vietnames.)

Dünnflüssige rotbräunlich-klare Sauce aus fermentierten kleinen Fischen (häufig Anchovis/Sardellen) oder Garnelen, außerdem Salz, Zucker, eventuell noch anderen Gewürzen und Wasser.

➤ **Herkunft:** China, Südostasien.

➤ **Verwendung:** Allround-Würze in Thailand, Vietnam, Laos und Kambodscha, auch auf den Philippinen. Zum Marinieren oder Würzen von Gemüse, Fleisch und Fisch, zum Abschmecken von Saucen und Dips. Wird neben *Austernsauce auch in der chinesischen Küche verwendet.

➤ **Geschmack:** Salzig, nach Sardellen. Intensiver, strenger Geruch.

➤ **Angebot:** In Flaschen.

➤ **Sorten:** Verschiedene Sorten, die unterschiedlich salzig schmecken. Hellere Saucen sind oft aromatischer.

➤ **Qualität/Einkauf:** In Asienläden gibt es Flaschen verschiedener Größen und Qualität. Lassen Sie sich beraten. Selten auch im Supermarkt oder Feinkostgeschäft erhältlich.

➤ **Zubereitung:** Vor der Verwendung unbedingt probieren, da die Saucen unterschiedlich salzig schmecken. Vorsichtig dosieren und sparsam salzen, eventuell nachwürzen. Prima Marinade: Fischsauce mit etwas *Pfeffer würzen und Fleisch-, Fisch oder Geflügelstücke etwa 10 Minuten darin ziehen lassen.

➤ **Rezepttipp:** Für scharfes Relish 3 EL Fischsauce mit 1-2 Spritzern Limettensaft verrühren. 1 Frühlingszwiebel und einige Blättchen *Koriandergrün waschen und fein hacken. 2-3 frische rote *Chilischoten waschen, halbieren, entstielen, entkernen und in hauchdünne Streifen schneiden. Alles unter die Sauce rühren. Passt zu Reis- und Fleischgerichten.

➤ **Lagerung/Haltbarkeit:** Nach dem Öffnen gut verschlossen im Kühlschrank aufbewahren.

➤ **Ersatz:** *Sojasauce gemischt mit etwas Sardellenpaste.

FRÜHLINGSROLLENTEIG

Teig aus Weizenmehl, Wasser, Salz, Eiern, Schweineschmalz oder Öl, ausgerollt zu hauchdünnen Blättern.

➤ **Verwendung:** In China und fast allen asiatischen Ländern Teiggrundlage für Frühlingsrollen und Teigtaschen.

➤ **Geschmack:** Neutral.

➤ **Angebot:** Quadratische oder runde Teigblätter. Tiefgekühlt und auch frisch im Kühlregal.

➤ **Sorten:** Runde oder quadratisch geschnittene Teigblätter.

➤ **Qualität/Einkauf:** Im Asienladen, Bioladen und Supermarkt (Kühltheke oder Tiefkühltruhe). Selber machen lohnt sich kaum.

➤ **Zubereitung:** Tiefgefrorene Teigblätter unter einem feuchten Tuch auftauen lassen. Frische Blätter vor der Verarbeitung ebenfalls mit einem feuchten Tuch abdecken. Während der Zubereitung einzelne Teigblätter vom Stapel nehmen, den Teigstapel sofort wieder abdecken, und das Teigblatt sofort füllen bzw. formen. Die Teigblätter lassen sich gut auf eine gewünschte Größe zuschneiden.

➤ **Lagerung/Haltbarkeit:** Teigblätter, die nicht verwendet werden, einfrieren.

➤ **Ersatz:** Hauchdünne Pfannkuchen oder Reispapier-Blätter.

➤ **Wissenswert:** Neben Frühlingsrollenteig sind in Asienläden auch Teighüllen für andere asiatische Köstlichkeiten erhältlich, z.B. Reisblätter. Die papierdünnen Reisteighüllen aus Reismehl, Wasser und Salz vor Gebrauch mit Wasser einpinseln, damit sie formbar werden. Für Nudelspezialitäten Wan-Tan-Hüllen aus Weizenmehl-Eier-Teig verwenden.

FÜNFGEWÜRZ

Würzpulver aus China, meist eine Mischung aus gemahlenem *Sichuan-Pfeffer, Fenchelsamen, *Sternanis, *Nelken und *Cassiazimt.

➤ **Herkunft:** China, Thailand, auch Indien.

➤ **Verwendung:** Chinesische Universal-Würze zu Fisch, Fleisch, Geflügel und Nudeln.

➤ **Geschmack:** Aromatisch-intensiv, erinnert leicht an Weihnachtsplätzchen. Das Aroma variiert je nach Region.

➤ **Angebot:** Gemahlen als Pulver.

➤ **Sorten:** Auch die indische, speziell bengalische Küche kennt eine Fünfgewürz-Mischung, Panch Foron, die aber im Gegensatz zum chinesischen Fünfgewürz-Pulver aus ganzen *Bockshornklee-samen, Fenchelsamen, *Kreuzkümmelfrüchten, schwarzen *Senf-samen und Zwiebel besteht und vor der Verwendung in Öl an-geröstet wird. Thailändische Varianten enthalten meist *Koriander.

➤ **Qualität/Einkauf:** Fünfgewürz-Pulver und Panch Foron geben den Gerichten ein unterschiedliches Aroma. Deshalb beim Einkauf aufs Ursprungsland achten und Panch Foron für indische, Fünfgewürz-Pulver für chinesische oder thailändische Gerichte wählen. Kleine Mengen kaufen.

➤ **Zubereitung:** Wird die Gewürzmischung mitgegart, verstärkt sich ihr Geschmack – unter Umständen unangenehm. Das Gericht deshalb erst am Ende der Garzeit mit Fünfgewürz-Pulver abschmecken. Ausnahme: Marinaden.

➤ **Lagerung/Haltbarkeit:** Pulver aus angebrochenen Tüten in dunkle, dicht schließende Gläser umfüllen.

➤ **Ersatz:** Das Gericht mit je einer Prise der oben genannten, gemahlenen Gewürze abschmecken.

GALGANT
Thai-Ingwer, Siam-Ingwer

Helle Wurzel der Galgantpflanze mit rosa Spitzen, Verwandte der Ingwerwurzel.

➤ **Herkunft:** Thailand, Indonesien.

➤ **Verwendung:** Gängiges Würzmittel in der südostasiatischen Küche. In Thailand, Laos und Kambodscha hauptsächlich zum Würzen von Currys und Suppen.

➤ **Geschmack:** Fruchtig-scharf mit pfeffriger Note. Ingwerähnlich, aber milder und säuerlicher.

➤ **Angebot:** Frisch als ganze Wurzel oder stückweise. Auch getrocknet in Scheiben oder in Salzlake eingelegt. Gemahlen unter dem Namen »Laospulver«.

➤ **Qualität/Einkauf:** In gut sortierten Asienläden auch frisch, sonst getrocknet oder eingelegt.

➤ **Zubereitung:** Frischen Galgant schälen, in Scheiben schneiden – Vorsicht: Galgantsaft kann auf der Kleidung Flecken hinterlassen – und als Würze in einer Suppe mitkochen. Galgantstückchen vor dem Servieren entfernen. Getrockneten Galgant mit heißem Wasser übergießen und mindestens 10 Minuten stehen lassen, dann abgießen. Die Einweichflüssigkeit kann mitverwendet werden.

➤ **Lagerung/Haltbarkeit:** Frische Galgantwurzel in einer Plastiktüte oder Kunststoffdose aufbewahrt bleibt im Gemüsefach des Kühlschranks gut zwei Wochen aromatisch. Zwischendurch immer wieder kontrollieren: Galgant kann schimmeln.

➤ **Ersatz:** Junge, frische Ingwerwurzel und etwas abgeriebene Limetten- oder Zitronenschale.

➤ **Wissenswert:** Noch milder als Galgant und ebenfalls ingwerähnlich würzt Krachai, eine thailändische Ingwerart mit kleinen, dünnen Wurzeln.

GARAM MASALA

Würzmischung, die klassisch *Kreuzkümmel oder Fenchelsamen, *Pfeffer, *Kardamom, *Zimt und *Nelken enthält, eventuell auch *Koriander, *Muskat oder andere Gewürze.

➤ **Herkunft:** Indien.

➤ **Verwendung:** In Indien neben *Currypulver die beliebteste Würzmischung für Fleischgerichte und Hülsenfrüchte.

➤ **Geschmack:** Würzig-aromatisch.

➤ **Angebot:** Fertig zubereitet als Pulver.

➤ **Sorten:** In Indien unterscheiden sich die Mischungen und Mengenverhältnisse der einzelnen Gewürze abhängig von Region und Familie. Auch die handelsüblichen Mischungen variieren im Geschmack.

➤ **Qualität/Einkauf:** Im Asienladen und Supermarkt.

➤ **Zubereitung:** Garam Masala nicht mitkochen lassen, sondern die Speisen erst am Ende der Garzeit damit abschmecken.

➤ **Selbst gemacht:** Je 1 EL Koriander und Kreuzkümmel, je ½ EL schwarze Pfefferkörner und Nelken, 1 Zimtstange und 5 grüne Kardamomkapseln in einer trockenen Pfanne rösten, bis die Gewürze zu duften beginnen. Abkühlen lassen und in einer Kaffee- oder Gewürzmühle bzw. in der Küchenmaschine zu feinem Pulver vermahlen. Wer mag, reibt noch ½ Muskatnuss unter die Mischung. Bei Verwendung schwarzer Kardamomkapseln nach dem Rösten die Samen auslösen und nur diese mit den übrigen Gewürzen zerkleinern.

➤ **Lagerung/Haltbarkeit:** Am besten in einem dunklen, dicht schließenden Glas aufbewahren. Innerhalb eines halben Jahres verbrauchen.

➤ **Ersatz:** Speisen vor dem Servieren mit je einer Prise der oben genannten Gewürze abschmecken.

➤ **Wissenswert:** Garam heißt übersetzt »heiß« – ein Hinweis darauf, dass die Mischung eine angenehme Wärme im Körper erzeugt.

GARNELENPASTE
Krabbenpaste, Shrimppaste

Paste aus getrockneten, gemahlenen Garnelen mit Salz.
Bekannt als Kapi (thail.), Trassi bakkar oder Terasi (indones.).

➤ **Herkunft:** Indonesien, Thailand, Malaysia.

➤ **Verwendung:** In Indonesien, Birma, Malaysia und Thailand hauptsächlich zum Würzen von Fischgerichten, aber auch von Fleisch und Gemüse.

➤ **Geschmack:** Salzig mit leichtem Fischaroma, penetranter Geruch.

➤ **Angebot:** In Dosen oder in kleinen Blöcken.

➤ **Sorten:** In Form roher oder getrockneter (gebackener) fester Paste. Das rohe Terasi ist eine dicke, mit Gewürzen aufbereitete Paste, die meist in Glas oder Dose angeboten wird. Sie riecht sehr streng. Noch fester in der Konsistenz ist die getrocknete Version, auch Trassi genannt. Sie schmeckt und riecht weniger intensiv. Diese Garnelenpaste gibt es in suppenwürfelgroßen Blöckchen.

➤ **Qualität/Einkauf:** In jedem Asienladen. Rohe Paste wird eher selten angeboten.

➤ **Zubereitung:** Garnelenpaste vor dem Verzehr mit etwas Wasser oder *Sojasauce verrühren und mitgaren. Sparsam verwenden, schon winzige Mengen würzen intensiv.

➤ **Lagerung/Haltbarkeit:** Preiswert und lange haltbar ist getrocknete Garnelenpaste. Einmal geöffnete Gläser gut verschließen und kühl aufbewahren. Trassi-Blöckchen immer wieder gut einwickeln.

➤ **Ersatz:** Sardellenpaste oder klein gehackte, in Öl eingelegte Sardellen.

➤ **Wissenswert:** Im Supermarkt bekommen Sie auch Sambal trassi, eine mit Garnelenpaste gewürzte Chilischoten-Sauce.

G

GHEE

Geklärte Butter, d.h. von Wasser und Eiweiß befreites Butterfett (Butterschmalz).

➤ **Herkunft:** Indien, aber auch Großbritannien.

➤ **Verwendung:** Wichtigstes Koch- und Bratfett der indischen Küche. Auch in Singapur und Malaysia beliebt.

➤ **Geschmack:** Ähnlich wie Butterschmalz.

➤ **Angebot:** In Dosen.

➤ **Sorten:** In Indien gibt es zwei Sorten – reines Ghee aus Butter und pflanzliches Ghee, das aus verschiedenen Pflanzenfetten hergestellt wird. Die pflanzliche Variante schmeckt nicht ganz so fein.

➤ **Qualität/Einkauf:** Indisches Ghee nur in Asienläden, manchmal auch in gut sortierten großen Käsegeschäften. Butterschmalz im Supermarkt.

➤ **Zubereitung:** Ghee verträgt sehr große Hitze. Ideal zum scharfen Anbraten, Frittieren und Sautieren. Achten Sie darauf, dass Topf oder Bratpfanne trocken sind, sonst spritzt das Ghee.

➤ **Selbst gemacht:** Erfordert Geduld und ein wenig Fingerspitzengefühl. Für gut 350 g Ghee 500 g Butter unter Rühren schmelzen, aber nicht braun werden lassen. Wenn die Butter flüssig ist, die Hitze erhöhen und die Butter aufkochen, bis sie schäumt. Bei ganz schwacher Hitze Butter noch knapp 40 Minuten köcheln lassen. Nicht mehr rühren. Ein Sieb mit einem feinen Tuch auslegen. Wenn die milchigen Teile sich gelb verfärbt haben und das Ghee klar aussieht, durch das Sieb in einen sauberen Topf abseihen. Eventuell nochmals abseihen. Die geklärte Butter abkühlen lassen.

➤ **Lagerung/Haltbarkeit:** Ghee ist monatelang haltbar. Am besten in einem dicht schließenden Gefäß im Kühlschrank lagern.

➤ **Ersatz:** Butterschmalz oder Butter gemischt mit Pflanzenöl.

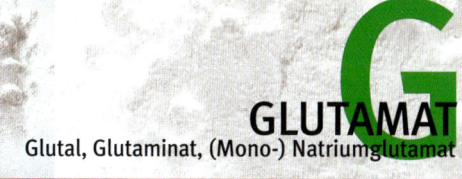

Geschmacksverstärkendes Salz der Glutaminsäure. In China ursprünglich aus Seetang, heute überwiegend durch chemische Verfahren aus Getreide, Sojabohnen oder Zuckerrüben gewonnen.

➤ **Herkunft:** Ursprünglich China.

➤ **Verwendung:** In China reichlich verwendetes Pulver, um den Geschmack von Fleisch-, Fisch- und Gemüsegerichten zu unterstreichen. Auch in vielen Fertigsaucen und Pasten enthalten.

➤ **Geschmack:** Kaum Eigengeschmack, verstärkt aber den Geschmack anderer Zutaten.

➤ **Angebot:** Als Pulver.

➤ **Qualität/Einkauf:** Im Asienladen. Auch Geschmacksverstärker aus dem Supermarkt, z.B. Fondor oder Aromat, enthalten Glutamat.

➤ **Zubereitung:** Generell sparsam verwenden, ähnlich wie Kochsalz dosieren. Glutamat verstärkt die Intensität von Salz und anderen Gewürzen. Wirkt nicht bei sauren Speisen und kann den Geschmack von Süßspeisen verderben.

➤ **Lagerung/Haltbarkeit:** Trocken lagern.

➤ **Ersatz:** Auf Glutamat kann gut verzichten, wer frische und hochwertige Zutaten verwendet. Diese benötigen nämlich keinen Geschmacksverstärker.

➤ **Wissenswert:** Glutamat kann bei empfindlichen Menschen oder bei Aufnahme größerer Mengen, mehr als fünf Gramm täglich, allergische Reaktionen auslösen bis hin zum so genannten »Chinarestaurant-Syndrom« mit Kopfschmerzen, Herzklopfen, Nackensteife, Übelkeit und Schwächegefühl.

GOMASIO
Sesamsalz, Gomashio

Streupulver aus Sesam und Salz.

➤ **Herkunft:** Ursprünglich Japan, Korea.

➤ **Verwendung:** In der japanischen und koreanischen Küche beliebte Streuwürze für Nudeln, Salat und Eiergerichte.

➤ **Geschmack:** Nussig-salzig.

➤ **Angebot:** Als Fertigprodukt im Glas, im Streuer oder in der Tüte.

➤ **Sorten:** Je nach Mischung ist die Salz- oder Sesamnote ausgeprägter.

➤ **Qualität/Einkauf:** Gomasio gehört im Bioladen und Reformhaus zum Basis-Sortiment, auch im Asienladen erhältlich. Auf die Zutatenliste achten: Gomasio aus dem Asienladen enthält manchmal auch *Glutamat oder fein gehackte *Nori-Algen.

➤ **Zubereitung:** Gomasio nicht mitkochen, das Gericht erst am Ende der Garzeit damit abschmecken oder individuell nachwürzen.

➤ **Selbst gemacht:** 1 Teil Meersalz und, je nach gewünschter Salzintensität, 5–10 Teile ungeschälte *Sesamsamen bereitstellen. Das Meersalz in einer Pfanne ohne Fett kurz anrösten, in einem Mörser zu feinem Pulver zerstoßen. Sesamsamen in der Pfanne bräunen, bis sie sich mit den Fingern zerkrümeln lassen. Vorsicht, sie dürfen nicht anbrennen! Sesamsamen im Mörser leicht zerkleinern, aber nicht zu einer Paste zerdrücken. Zum Schluss mit dem Salz mischen.

➤ **Lagerung/Haltbarkeit:** Sesamsalz verliert rasch an Aroma, bald aufbrauchen.

➤ **Ersatz:** Gericht mit Salz und gerösteten *Sesamsamen abschmecken.

➤ **Wissenswert:** Der Name setzt sich zusammen aus den japanischen Wörtern Goma (Sesam) und S(h)io (Salz).

HOISIN-SAUCE

Dickflüssige, rotbraune Würzsauce aus Sojabohnen, Wasser, Essig, Zucker, Knoblauch, *Sesamsamen und anderen Gewürzen sowie rotem Reis – verleiht die Farbe.

➤ **Herkunft:** China.

➤ **Verwendung:** Beliebte Dipsauce zu gegrilltem Fleisch und Fisch. Vor allem in der chinesischen Kantonsküche. Auch zum Marinieren oder Nachwürzen. Typische Zutat für die Mandarin-Pfannkuchen, die zur Peking-Ente gereicht werden.

➤ **Geschmack:** Süßlich-scharf.

➤ **Qualität/Einkauf:** In Flaschen verschiedener Größe im Asienladen.

➤ **Zubereitung:** Je nach Rezept Hoisin-Sauce mit anderen Zutaten zu einer Marinade vermischen, mitgaren oder einfach in einem Extra-Schälchen als Dip reichen.

➤ **Lagerung/Haltbarkeit:** Nach Gebrauch immer wieder gut verschließen, kühl lagern. Dann ist sie lange haltbar. Mindesthaltbarkeitsdatum beachten.

➤ **Ersatz:** *Kecap Manis (süße Sojasauce).

➤ **Wissenswert:** Auf chinesisch heißt die Sauce Haixian-Jiang.

H

HÜLSENFRÜCHTE

Linsen und Bohnen sind wichtige Eiweißlieferanten in der asiatischen, vor allem in der indischen vegetarischen Küche. Da Hülsenfrüchte Aminosäuren (Eiweißbausteine) enthalten, die dem Reis fehlen, ergibt die Kombination beider Zutaten eine ausgewogene vegetarische Mahlzeit.

➤ **Sojabohnen** sind Asiens Hülsenfrucht Nr. 1. Sie werden vor allem in China in großen Mengen angebaut. Doch obwohl sie auch gegart gut schmecken, werden sie selten als Gemüse serviert, sondern eher als Sprossen gegessen oder weiterverarbeitet: z.B. zu Sojamehl, Sojadrink, Sojasauce, Miso, Tofu oder eingelegten schwarzen Bohnen. Letztere sind getrocknete Sojabohnen, die gekocht und mit Salz und Gewürzen fermentiert werden. **Schwarze Bohnen** schmecken scharf und salzig und sind eine chinesische Spezialität. Man bekommt sie in Asienläden in Dosen; sie können zum Würzen verwendet werden (am besten vorher waschen und leicht zerdrücken).

➤ **Azukibohnen** sind kleine rote Bohnen, die in der japanischen Küche besonders beliebt sind. Wegen ihres süßlichen Geschmacks werden sie aber selten für pikante Gerichte verwendet, sondern sind hauptsächlich Grundlage exotischer Süßspeisen. Im Asienladen werden sie getrocknet oder gekocht in der Dose angeboten. Azukibohnengelee ist eine berühmte süße japanische Spezialität, die traditionell zu grünem Tee gereicht wird.

➤ **Dal** werden Hülsenfrüchte in Indien genannt. Sie sind dort unverzichtbarer Bestandteil fast jeder Mahlzeit, vor allem in der vegetarischen Küche. Dal mit Reis ist fast einem Nationalgericht gleichzusetzen – im Norden, Süden, Westen und Osten Indiens. Manche Hülsenfrüchte werden ganz verwendet, einige geschält oder halbiert:

➤ **Moong Dal** ist der indische Name für geschälte und halbierte **Mungobohnen**, die wegen ihrer Form auch **Mungolinsen** genannt werden. Die in Nordindien besonders beliebten Hülsenfrüchte sind sehr bekömmlich.

➤ **Masoor Dal**, geschälte rote Linsen zeichnen sich durch mildes Aroma aus. Sie haben eine relativ kurze Garzeit und werden beim Kochen gelblich.

➤ **Toor Dal** sind braun-rote, mit einer Ölschicht überzogene Linsen.

➤ **Urid Dal** sind eigentlich schwarze Bohnen, die halbiert und geschält weißgelb aussehen und auch als **Uridlinsen** bezeichnet werden.

➤ **Channa Dal** heißen in Indien geschälte und halbierte Kichererbsen, hier zu Lande auch **Gelbe Linsen** genannt.

➤ **Kala Chana** werden ganze braune Kichererbsen in Indien genannt. Da Kichererbsen nicht nur in der fernöstlichen, sondern in der gesamten orientalischen Küche und auch im Mittelmeerraum und Mexiko eine große Rolle spielen, werden sie fast in jedem Supermarkt und auch in türkischen und italienischen Feinkostgeschäften angeboten. Bei Zeitmangel Kichererbsen aus der Dose verwenden. Diese vor dem Garen in ein Sieb abgießen und mit kaltem Wasser abspülen, bis das Wasser klar abläuft.

Tipps:

➤ Getrocknete asiatische Hülsenfrüchte oder auch vorgegarte Dosenware werden im Asienladen und mittlerweile auch im Supermarkt, Bioladen und beim Gemüsehändler angeboten.

➤ Obwohl getrocknete Linsen und Bohnen bereits maschinell gewaschen wurden, empfiehlt es sich, sie vor Verwendung nochmal gründlich zu waschen.

➤ Getrocknete Hülsenfrüchte vor der Zubereitung auf jeden Fall einweichen – am besten über Nacht. Am nächsten Tag das Einweichwasser abgießen und die Hülsenfrüchte je nach Rezept mit frischem Wasser oder Brühe garen.

➤ Getrocknete Hülsenfrüchte kühl und trocken lagern.

INGWER
Ingwerwurzel, Ingber

Wurzel der Ingwerstaude.

➤ **Herkunft:** Süd- und Mittelasien, vor allem Indien, China, Japan, Taiwan, auch Südamerika, Westafrika, Australien.

➤ **Verwendung:** Wesentliche Zutat jeder asiatischen, vor allem ostasiatischen Küche.

➤ **Geschmack:** Fruchtig-scharf, intensiv.

➤ **Angebot:** Frisch als ganze Wurzel oder auch stückweise. Im Supermarkt auch getrocknet und gemahlen als Ingwerpulver, in Asienläden eingelegt oder kandiert. In der Apotheke oder im Kräuterfachgeschäft auch als getrocknete ganze Wurzeln.

➤ **Qualität/Einkauf:** Junge Ingwerwurzeln liefern ein feines, fruchtig-mildes Aroma. Sie sind fest, haben eine hauchdünne, straffe Haut und hellgelbes, saftiges Fleisch, sehr junge Wurzeln auch rosa Spitzen. Ältere Ingwerknollen verleihen Gerichten ein intensiveres und schärferes Aroma. Sie haben eine dickere Haut und faseriges, manchmal holziges Fleisch. Ingwer aus Jamaika zeichnet sich durch einen besonders feinen, zitronenähnlichen Geschmack aus.

➤ **Zubereitung:** Zum Würzen reicht meist ein gut walnussgroßes Stück. Ingwer immer schälen, holzige Stellen entfernen. Damit sich das Aroma besonders gut entfalten kann, den Ingwer fein zerkleinern – reiben oder in hauchdünne Scheiben, dann in Stifte und diese in feine Würfelchen schneiden. Ganz frischen Ingwer einfach grob würfeln und durch die Knoblauchpresse drücken.

➤ **Lagerung/Haltbarkeit:** Im Gemüsefach des Kühlschranks. Ungeschälter Ingwer hält in Zeitungspapier gewickelt zwei Wochen sein Aroma. Saftiger bleibt er in einer Plastiktüte, muss dann aber kontrolliert werden, er kann schimmeln.

➤ **Ersatz:** Nicht möglich. Auch Ingwerpulver kann frischen Ingwer nicht ersetzen.

➤ **Wissenswert:** In Asien wird Ingwer gegen Rheuma und Muskelschmerzen empfohlen. Bei uns gilt Ingwer als Mittel gegen Übelkeit.

KARDAMOM

Grüne oder schwarze Fruchtkapsel der Kardamompflanze. Die ganze Kapsel bzw. die darin liegenden Samen werden – auch gemahlen – als Gewürz verwendet.

➤ **Herkunft:** Südindien, Sri Lanka, Malabarküste, auch Madagaskar, Westafrika, Guatemala, Honduras, Costa Rica.

➤ **Verwendung:** Wichtiges Gewürz in Indien und Sri Lanka für Fleisch- und Gemüsegerichte, Süßspeisen – solo und in Gewürzmischungen. Auch in der indonesischen Küche beliebt.

➤ **Geschmack:** Kräftig-würzig mit süßlicher eukalyptusähnlicher Note, leicht brennend.

➤ **Angebot:** Ganze schwarze oder grüne Kapseln, ausgelöste Samenkörner oder gemahlen als Pulver. Im Asienladen.

➤ **Qualität/Einkauf:** Wählen Sie grünen Kardamom, wenn Sie ganze Kapseln kaufen. Er liefert ein feineres Aroma. Hochwertiges Kardamompulver besteht zu 100 Prozent aus gemahlener Kardamomsaat. Deshalb beim Einkauf die Packungsaufschrift genau lesen: Heißt es dort schlicht »gemahlener Kardamom«, wurden wahrscheinlich auch die weniger aromatischen Kapselhüllen mitvermahlen.

➤ **Zubereitung:** Für hocharomatisches Kardamompulver die Kardamomkapseln vor der Verwendung in einer Pfanne ohne Fett anrösten. Dann die Kapseln aufbrechen und die Samen im Mörser fein zerstoßen. Oder ganze Kapseln mitgaren und vor dem Servieren entfernen.

➤ **Rezepttipp:** Für Kaffeegenuss auf indische Art 5 TL Kaffeepulver und 2-3 grüne Kardamomkapseln mit ½ l kochendem Wasser überbrühen, kurz ziehen lassen, dann abseihen. Kaffee mit ½ l heißer Milch vermischen und nach Wunsch süßen.

➤ **Lagerung/Haltbarkeit:** Trocken aufbewahrt sind ganze Kapseln mindestens ein Jahr haltbar. Pulver verliert sein Aroma innerhalb eines halben Jahres.

➤ **Ersatz:** Lässt sich schwer ersetzen. Einfach weglassen.

KECAP MANIS / KECAP ASIN
Ketjap

Dickflüssige, dunkle Würzsauce aus fermentierten Sojabohnen.

➤ **Herkunft:** Indonesien, Malaysia.

➤ **Verwendung:** Basis-Würze in der indonesischen Küche. Verleiht Fleisch-, Fisch-, Reis- und Gemüsegerichten einen leicht süßlichen Geschmack und die dunkle Farbe.

➤ **Geschmack:** Salzig mit mild-süßer bzw. herb-süßer Note.

➤ **Angebot:** In Flaschen.

➤ **Sorten:** Kecap Manis schmeckt mild-süß. Kecap Asin hat eine salzige herb-süße Note. Sie ähnelt japanischer *Sojasauce, wird aber eher selten verwendet.

➤ **Qualität/Einkauf:** Im Asienladen und Supermarkt, zum Teil auch als Ketjap.

➤ **Zubereitung:** Gerichte erst zum Schluss mit Kecap würzen, da die Sauce leicht anbrennt.

➤ **Lagerung/Haltbarkeit:** Kühl und dunkel aufbewahrt hält sich Kecap mindestens ein Jahr.

➤ **Ersatz:** Gericht mit japanischer *Sojasauce und braunem Zucker würzen. Statt Kecap Asin japanische *Sojasauce verwenden.

➤ **Wissenswert:** Den Namen »Kecap« haben die Briten aus Malaysia mitgebracht und eine berühmte Tomatensauce danach benannt: den Ketchup.

KEMIRINUSS
Bankulnuss, Kandelnuss, Buah keras (malays.)

Cremefarbener Nusskern, 2-3 cm dick, der von der Form her an Haselnüsse erinnert.

➤ **Herkunft:** Indien, Indonesien, China, auch Südamerika.

➤ **Verwendung:** Vor allem in der indonesischen Küche, aber auch in Singapur und Malaysia zum Würzen und Binden von Suppen, Fleisch-, Fisch- und Geflügelcurrys.

➤ **Geschmack:** Mild-aromatisch.

➤ **Angebot:** Selten frisch, meistens geschälte ganze Nüsse in Tütchen, manchmal auch gemahlen.

➤ **Qualität/Einkauf:** Im Asienladen. Es lohnt sich nicht, nach ungeschälten zu suchen. Die Samenkerne lassen sich nur schwer aus der sehr harten Schale herauslösen. Kleine Mengen kaufen.

➤ **Zubereitung:** Nüsse nicht roh essen, sondern immer mitgaren. Das Öl frischer Nüsse ist giftig. Damit sich das Aroma besonders gut entfalten kann, die Nüsse kurz anrösten, dann mit einer Mandel- oder Nussmühle fein reiben – z.B. zum Andicken von Currys und Suppen – oder mit einem großen schweren Messer grob hacken.

➤ **Lagerung/Haltbarkeit:** Kühl und trocken lagern und möglichst rasch verbrauchen. Oder im Gefrierfach aufheben, dann werden sie nicht so leicht ranzig.

➤ **Ersatz:** Macadamia- oder Cashew-Nüsse.

➤ **Wissenswert:** Kemirinüsse sind reich an Öl und wachsartig. In England heißen sie »Candlenut«, weil sie – umwickelt mit der Faser eines Bananenblatts – als Kerze dienen können.

KOKOSNUSS

Steinfrucht (botanisch keine Nuss!) der Kokospalme.

➤ **Herkunft:** Ursprünglich Melanesien (westl. Pazifik), Hauptanbaugebiete in Indonesien, Philippinen, Indien, Sri Lanka, Vietnam, auch in Papua-Neuguinea, Elfenbeinküste, Mozambique, Tansania, Mexiko und Brasilien.

➤ **Verwendung:** Frisch geriebene Kokosnuss in Indien und Südostasien zum Aromatisieren von Gebäck, Reis, Fleisch und Fisch.

➤ **Geschmack:** Nussig-aromatisch.

➤ **Angebot:** Ganze Früchte ganzjährig beim Gemüsehändler, in Feinkostgeschäft, Asienladen und Supermarkt.

➤ **Qualität/Einkauf:** Ganze Nüsse vor dem Kauf kurz schütteln. Wenn man Wasser plätschern hört, zugreifen. Überreife Kokosnüsse, deren Fruchtfleisch schnell ungenießbar wird, sind innen trocken.

➤ **Zubereitung:** So knackt man Kokosnüsse: Die drei Keimpunkte (»Augen«) mit einem Korkenzieher oder Nagel und Hammer aufbohren. Kokoswasser in eine Schüssel laufen lassen. Die Nuss für 10-15 Minuten in einen auf 200° vorgeheizten Backofen legen. Dann platzt die Schale auf und lässt sich ablösen. In hartnäckigen Fällen vorsichtig mit einem Hammer nachhelfen.

➤ **Lagerung/Haltbarkeit:** Frisches Kokosnuss-Fleisch lässt sich sehr gut einfrieren, sowohl im Stück als auch gerieben.

➤ **Ersatz:** Getrocknete Kokosraspel können frisch geriebene Kokosflocken nur sehr unzureichend ersetzen.

➤ **Wissenswert:** Die Kokospalme wird auch »Baum des Lebens« genannt: Ihr Stamm liefert Bau- und Brennholz, aus den Blättern werden Dächer geflochten und aus den Blüten Palmwein gewonnen. Das ölhaltige Fruchtfleisch der Früchte wird pur verwendet oder zu Kopra verarbeitet, einer weißen, fetthaltigen Masse – Quelle des Kokosöls. Das Kokoswasser unreifer Früchte ist ein köstliches Erfrischungsgetränk. Aus der Faserhülle werden Matten und Seile, aus der Schale Trinkbecher und Holzkohle gearbeitet.

KOKOSMILCH
Kokosnussmilch

Cremig-flüssige Zubereitung aus *Kokosnuss-Fleisch und Wasser oder Milch.

➤ **Verwendung:** Vor allem in Indien, Indonesien, Malaysia, Philippinen und Thailand für Fleisch- und Fischgerichte. Mildert die Chili-Schärfe asiatischer Currys. Sonst für Desserts.

➤ **Geschmack:** Mild-süßlich, nussig.

➤ **Angebot:** Ungesüßt und gesüßt in Dosen und im Tetrapack. Auch als dicke Creme oder zu Blöcken gepresstes Konzentrat. Besonders lange lagerfähig ist Kokosmilchpulver, das bei Bedarf mit Wasser angerührt wird.

➤ **Sorten:** Für Kokosmilch wird das Kokosnussfleisch gemahlen, mit Wasser oder Milch gemischt und ausgepresst. Je nach Fruchtfleischanteil variieren Geschmacksintensität und Konsistenz. Dickflüssigere Kokosmilch wird manchmal auch Kokossahne genannt. Aus getrocknetem Kokosnussfleisch wird Kokoscreme zubereitet. Sie hat cremig-feste Konsistenz und intensives Kokosaroma. Im Asienladen wird auch das zu Blöcken gepresste, sehr intensive Kokosmilchkonzentrat angeboten, das erst bei Erhitzen weich wird.

➤ **Qualität/Einkauf:** Möglichst ungesüßte Kokosmilch ohne Konservierungsstoffe kaufen. Gesüßte nur für Desserts verwenden, dann aber die Zucker- oder Honigmenge in den Rezepten reduzieren.

➤ **Zubereitung:** Kokosmilch vor Gebrauch gut schütteln oder umrühren. Denn während der Lagerung trennt sich das Fett vom Wasser und schwimmt als dicke Schicht an der Oberfläche. Es sei denn, in einem Rezept wird Kokossahne oder -creme verwendet: Dann die Dose mit Kokosmilch nicht schütteln und die obere Schicht einfach als Creme abschöpfen. Creme oder Paste je nach Rezept noch mit Wasser verdünnen. Pulver mit heißem Wasser verrühren.

➤ **Lagerung/Haltbarkeit:** Angebrochene Dosen rasch aufbrauchen, die Milch hält sich im Kühlschrank höchstens noch einen Tag.

KORIANDER
Wanzendill, Stinkdill

Pfefferkornähnliche Samenfrüchte der Korianderpflanze.

➤ **Herkunft:** Ursprünglich Vorderasien, auch Russland, Marokko, Mittelmeer- und Balkanländer, Frankreich, Deutschland, USA.

➤ **Verwendung:** Die getrockneten und gemahlenen oder grob zerstoßenen Samenfrüchte sind ein wichtiges Gewürz der asiatischen Küche, vor allem in Indien, aber auch in Laos, Kambodscha und Vietnam. Bestandteil von *Garam Masala und *Currypulver.

➤ **Geschmack:** Ausgeprägt süßlich-aromatisch mit orangenschalenähnlicher, leicht scharfer Note.

➤ **Angebot:** Ganze getrocknete Samenfrüchte und Pulver.

➤ **Sorten:** Frische Koriandersamen riechen streng. Erst getrocknet duften aromatischer.

➤ **Qualität/Einkauf:** Ganze Korianderfrüchte mit einer elektrischen Kaffee- oder Gewürzmühle selbst mahlen oder Pulver verwenden. Koriander im Mörser fein zu zerstoßen, kostet viel Zeit und Mühe.

➤ **Zubereitung:** Damit sich das Aroma voll entfalten kann, die Korianderkörner vor der Verwendung in einer Pfanne ohne Fett anrösten und dann mahlen.

➤ **Rezepttipp:** Schweinefleisch vor dem Braten mit Koriander einreiben. Dadurch wird das Fleisch zart und aromatisch.

➤ **Lagerung/Haltbarkeit:** Ganze Körner können vor Sonnenlicht und Feuchtigkeit geschützt zwei bis drei Jahre aufbewahrt werden. Gemahlener Koriander ist trotz seines Anteils an ätherischem Öl nicht empfindlich und behält bis zu einem Jahr sein volles Aroma.

➤ **Ersatz:** Lässt sich nicht durch *Koriandergrün ersetzen. Der Geschmack ist unterschiedlich. Samenkörner durch Pulver ersetzen. Oder das Gericht mit *Garam Masala abschmecken (gibt jedoch zusätzliche Aromen).

➤ **Wissenswert:** Koriander ist eines der ältesten Gewürze der Welt. Das beweisen uralte Sanskritschriften und Bibeltexte.

Kraut der *Koriander-Gewürzpflanze. Die Wurzeln können ebenfalls verwendet werden.

➤ **Herkunft:** Ursprünglich Vorderasien, wächst mittlerweile in fast allen Erdteilen.

➤ **Verwendung:** Beliebtes Kraut in der thailändischen, indonesischen und vietnamesischen Küche, vor allem für Fischgerichte und Suppen. Gilt als »asiatische Petersilie«. Bestandteil vieler *Currypasten.

➤ **Geschmack:** Mild-pfeffrig mit süßlicher Anisnote, markanter Geruch.

➤ **Angebot:** Frisch im Bund oder im Topf.

➤ **Sorten:** Thai-Koriander gilt als die mildeste Sorte, ansonsten keine bedeutenden Geschmacksunterschiede.

➤ **Qualität/Einkauf:** Die Blätter sollen schön grün, nicht gelb sein. Koriandergrün mit Wurzeln gibt es gebündelt ganzjährig im Asienladen, im Töpfchen auch beim Gemüsehändler, im Supermarkt, im italienischen oder türkischen Feinkostgeschäft.

➤ **Zubereitung:** Blätter, Stiele und Wurzeln sind essbar. Blätter nicht mitkochen lassen, sondern wie Petersilie gehackt zum Schluss über die Speisen streuen. Wurzeln mit 1-2 cm Stängel abschneiden, gründlich abspülen und in Brühen oder Currys mitkochen. Das Aroma entfaltet sich besonders intensiv, wenn die Wurzeln vor dem Garen fein gehackt und am besten noch im Mixer püriert oder mit dem Mörser zerstoßen werden.

➤ **Lagerung/Haltbarkeit:** Koriandergrün ist empfindlich, sollte nicht eingefroren werden. Am besten hält es sich mit Wurzeln: Wurzeln ungewaschen mit Wasser anfeuchten und mit dem Grün in einer Kunststoffdose oder Plastiktüte im Gemüsefach des Kühlschranks aufbewahren.

➤ **Ersatz:** Petersilie. Sie verleiht dem Gericht jedoch eine eigene Note.

➤ **Wissenswert:** Auch Tex-Mex-Köche würzen mit Koriander.

KREUZKÜMMEL
Cumin, Römischer Kümmel, Pfefferkümmel

Kümmelähnlicher Samen.

➤ **Herkunft:** Vor allem Indien, China, Indonesien, Japan, auch Vorderasien, Russland, Mittelmeergebiet, Nordafrika, USA und Mexiko.

➤ **Verwendung:** Bestandteil von *Currypulver, *Garam Masala sowie anderen Würzmischungen und Chutneys. Auch solo wichtiges Gewürz in der indischen und indonesischen Küche, besonders zum Würzen von Fleischgerichten.

➤ **Geschmack:** Bitter-würzig bis scharf-brennend, intensiver Geruch.

➤ **Angebot:** Ganze getrocknete Früchte und als Pulver.

➤ **Sorten:** In Asienläden gibt es neben dem grünlich-grauen Kreuzkümmel auch die aus dem Iran stammende Sorte Black Cumin mit aromatischem, leicht süßlichem Geschmack.

➤ **Qualität/Einkauf:** Kreuzkümmel enthält ätherisches Öl, das leicht verfliegt, deswegen nur in kleinen Mengen kaufen. Ganze Kreuzkümmelfrüchte mit einer elektrischen Kaffee- oder Gewürzmühle selbst mahlen oder Pulver verwenden. Kreuzkümmelfrüchte im Mörser fein zu zerstoßen, kostet viel Zeit und Mühe. Im Supermarkt findet man gemahlenen Kreuzkümmel meist als »Kumin«.

➤ **Zubereitung:** Damit sich das Aroma gut entfalten kann, ganze Früchte in einer trockenen Pfanne rösten, anschließend mahlen und nach Rezept weiterverarbeiten. Sparsam dosieren!

➤ **Lagerung/Haltbarkeit:** In einem dicht schließenden Gefäß aufbewahren. Frisch gemahlener Kreuzkümmel behält so gut ein halbes Jahr sein Aroma.

➤ **Ersatz:** Sieht europäischem Kümmel zwar ähnlich, riecht und schmeckt aber ganz anders und kann nicht durch diesen ersetzt werden! Kreuzkümmelkörner durch Pulver ersetzen oder das Gericht mit *Garam Masala abschmecken.

➤ **Wissenswert:** Auch ein wichtiges Gewürz der orientalischen und der Tex-Mex-Küche (z.B. für Original Chili con carne).

KRUPUK
Krabbenbrot, Kroepoek, Prawn Crackers

Cracker aus fein gemahlenen Krabben, Gewürzen und Tapiokamehl (Stärkemehl aus Maniokwurzel). Der Teig wird in dünne Scheiben geschnitten, an der Sonne getrocknet und dann frittiert. Dabei blähen sich die Scheibchen auf und werden knusprig.

➤ **Herkunft:** Indonesien.

➤ **Verwendung:** Frittiert als Beilage zu indonesischen Gerichten oder als Snack.

➤ **Geschmack:** Leichtes Krabbenaroma.

➤ **Angebot:** Frittiert in verschiedenen Größen und unterschiedlichem Aroma, wie Kartoffelchips in Tüten verpackt, oder als hauchdünne, transparente Plättchen zum Selbstausbacken.

➤ **Qualität/Einkauf:** Im Asienladen und Supermarkt. Zutatenliste beachten: Manchmal besteht Krupuk nur aus Stärkemehl, Salz, Zucker und künstlich zugesetztem Krabbenaroma. Im Asienladen auch dünne, durchsichtige Krabbenbrotplättchen zum selbst frittieren.

➤ **Zubereitung:** Frittierte Chips als Snack knabbern oder zu Reisgerichten servieren. Nicht frittierte Krupukplättchen ganz kurz in heißem Öl ausbacken, bis sie aufgegangen und weiß sind. Dabei einmal wenden (Spritzgefahr!). Herausnehmen, abtropfen lassen und z.B. mit einem süß-sauren Dip oder gebratenen Krabben genießen.

➤ **Lagerung/Haltbarkeit:** Kühl und trocken, gut verpackt in eine Plastiktüte lagern. Frittiertes Krabbenbrot nach Öffnen der Tüte gleich knabbern.

➤ **Ersatz:** Chips.

➤ **Wissenswert:** In Indonesien wird Krupuk gern zu jeder Mahlzeit gereicht.

KURKUMA
Gelbwurz

Wurzel der Kurkumapflanze, die getrocknet und gemahlen als Gewürz dient.

➤ **Herkunft:** Ursprünglich Südostasien, Anbau heute vor allem in Indien, China, Sri Lanka, Philippinen, auch Südamerika, Westindien.

➤ **Verwendung:** Allround-Gewürz der indischen Küche, verleiht *Currypulver die gelbe Farbe. Gelbwurz wirkt antiseptisch, deshalb wird in Indien, Birma und Sri Lanka gerne Fisch damit mariniert. Auch in der indonesischen Küche beliebt.

➤ **Geschmack:** Erdig-pikant, mit leicht bitterer Note.

➤ **Angebot:** Meist als Pulver. Selten auch als getrocknete Wurzel.

➤ **Sorten:** Da sowohl die Wurzeln als auch die Seitentriebe der Wurzeln verkauft werden, gibt es ganze Kurkuma-Wurzeln (Rhizome) in runder und länglicher Form.

➤ **Qualität/Einkauf:** Kurkumapulver gibt es preiswert im Asienladen, Feinkostgeschäft und Supermarkt.

➤ **Zubereitung:** Sparsam dosieren, in den Gerichten mitkochen lassen. Damit sich das Aroma gut entfalten kann, zuvor in etwas Öl oder *Ghee anrösten. Aber Vorsicht: Kurkumapulver setzt leicht am Topfboden an.

➤ **Rezepttipp:** Prima zum Färben von Ostereiern. Einfach 1 TL Kurkuma ins Kochwasser geben.

➤ **Lagerung/Haltbarkeit:** Das Pulver ist lichtempfindlich. Am besten in einem dunklen, dicht schließenden Glas aufbewahren.

➤ **Ersatz:** *Currypulver (Hauptbestandteil ist oft Kurkuma).

➤ **Wissenswert:** In der ayurvedischen Medizin wird die harntreibende, verdauungsfördernde und appetitanregende Wirkung der Kurkumawurzel geschätzt. Kurkuma färbt auch viele Speisesenf-Sorten und würzt Worcestersauce.

LILIENBLÜTEN
Lilienknospen, Goldnadeln

Längliche, ockergelbe Blütenknospen der »Gelben Taglilie«, die gedämpft und luftgetrocknet werden.

➤ **Herkunft:** China.

➤ **Verwendung:** In der chinesischen Küche vor allem als Zutat vegetarischer Gerichte sehr beliebt – nicht nur wegen ihres Geschmacks, sondern auch wegen ihres Duftes. Außerdem zu Gemüse, Fleisch und Tofu aus dem Wok, für Suppen und auch klein gehackt mit Gemüse als Füllung von Teigtäschchen.

➤ **Geschmack:** Mild-aromatisch, duftend.

➤ **Angebot:** Getrocknet, in Klarsichttüten verpackt.

➤ **Qualität/Einkauf:** Lilienblüten bekommen Sie fast ausschließlich im Asienladen oder Feinkostgeschäft.

➤ **Zubereitung:** Lilienblüten vor dem Kochen waschen und etwa 10 Minuten einweichen, dann von den herb schmeckenden Stielen befreien. Nicht zu lange kochen, sonst zerfallen sie.

➤ **Rezepttipp:** Lilienblüten passen als außergewöhnliche Gemüsebeilage zu Fleisch- oder Fischgerichten. Dafür eingeweichte Lilienblüten abtropfen lassen und kurz in Öl oder Butter andünsten.

➤ **Lagerung/Haltbarkeit:** Kühl und trocken lagern. Den Inhalt angebrochener Tüten in ein dicht schließendes Gefäß umfüllen.

➤ **Wissenswert:** Auf chinesischen Märkten kann man auch frische Lilienblüten kaufen, die allerdings weniger intensiv schmecken als getrocknete.

Frucht des Limettenbaums.

➤ **Herkunft:** Südostasien, Indien, Sri Lanka, auch Südafrika, Südamerika und Florida.

➤ **Verwendung:** In Singapur, Malaysia, Laos, Kambodscha und Vietnam verleihen Limettensaft und -schale Fleisch-, Fisch- und Gemüsecurrys eine herb-fruchtige Note. Thailändische und indonesische Köche verwenden auch die Blätter des Kaffir-Limettenbaums zum Würzen.

➤ **Geschmack:** Herb-säuerlich, aromatisch.

➤ **Angebot:** Dank der unterschiedlichen Erntezeiten ganzjährig.

➤ **Sorten:** Die in den südostasiatischen Küchen verwendete Kaffirlimette enthält wenig Saft, aber in Schale und Blättern kräftiges Limetten-Aroma. Typisches Kennzeichen ist ihre runzlige Schale. Die gelbgrünen westindischen Limetten, auch Mexikanische oder Key-Limetten genannt, sind klein, saftig und kräftig aromatisch. Die meist grünen persischen oder Tahiti-Limetten sind mittelgroß, kernlos und sehr sauer.

➤ **Qualität/Einkauf:** Wenn Sie nur den Saft verwenden wollen, können Sie Limetten aus allen Ländern kaufen – in Supermarkt, Bioladen, Asienladen und beim Obsthändler. Wollen Sie mit Limetten-Schale würzen, sollte die unbehandelt sein (stumpfer Glanz). Die intensiv würzenden Kaffirlimetten und Kaffirblätter aus Indonesien oder Thailand bekommen Sie fast nur im Asienladen.

➤ **Zubereitung:** Wird die Schale verwendet, die Limette heiß abwaschen, abtrocknen, die Schale abreiben oder hauchdünn abschälen und in feine Julienne-Streifchen schneiden. Kaffirlimetten werden in Stücken oder Scheiben mitgegart, Kaffirblätter wie Lorbeerblätter als Würze dazugegeben.

➤ **Lagerung/Haltbarkeit:** Nicht im Kühlschrank aufbewahren. Frische Kaffirblätter können auch eingefroren werden.

➤ **Ersatz:** Eventuell Zitronen.

Etwa erdbeergroße Frucht des Litchibaums mit rosa-perlmuttartig schimmerndem Fruchtfleisch unter der stachligen braunroten Schale.

➤ **Herkunft:** China, vor allem Südchina, Burma, Indien, Japan, Thailand, auch Australien, Neuseeland, Afrika, Südamerika.

➤ **Verwendung:** In China genießt man Litchis pur, in Süßspeisen, aber auch zu Fleisch, Fisch, Geflügel und Reis.

➤ **Geschmack:** Mild-säuerlich, wie eine Mischung aus Rosinen und Sauerkirschen, saftig-erfrischend.

➤ **Angebot:** Frisch und in Dosen, meist in Sirup konserviert.

➤ **Sorten:** Neuzüchtungen aus Thailand haben keinen oder nur einen kleinen Kern.

➤ **Qualität/Einkauf:** Frische Früchte im Feinkostgeschäft, Asienladen und manchmal auch Supermarkt. Die Schale sollte weder Risse aufweisen noch allzu dunkel sein – dies sind Zeichen für Überreife.

➤ **Zubereitung:** Fruchtfleisch wie ein Ei aus der zerbrechlichen Schale pellen. Den inliegenden braunen Kern nicht mitessen.

➤ **Rezepttipp:** Geschält mit frischen Erdbeeren kombinieren. Oder mit anderen exotischen Früchten zum Tee servieren.

➤ **Lagerung/Haltbarkeit:** Am besten frisch genießen. Kurze Zeit in einer Plastiktüte verpackt im Gemüsefach des Kühlschranks haltbar.

➤ **Ersatz:** Dosenware. Oder ähnliche Früchte aus Südostasien: Longan oder Rambutan. In Asienläden werden diese konserviert in Dosen angeboten.

➤ **Wissenswert:** Litchi gilt in China als besonders feines Frischobst. Ihr chinesischer Name »Li Zhi« bedeutet »Spenderin der Lebensfreude«. Tatsächlich enthalten Litchis viel Traubenzucker und sind sehr vitaminreich.

LOTUSWURZEL
Lian Ou (chin.)

Wurzel der Lotuspflanze, eine Seerosenart.

➤ **Herkunft:** China.

➤ **Verwendung:** In China versüßen Lotuswurzeln Suppen, Süßspeisen und vegetarische Gerichte, in Japan werden sie auch als Gemüse gereicht.

➤ **Geschmack:** Mild-süßlich, knackig.

➤ **Angebot:** Kaum frische Ware. In Dosen, manchmal auch tiefgekühlt oder getrocknet in Scheiben.

➤ **Qualität/Einkauf:** Frisch und tiefgekühlt nur in sehr gut sortierten Asienläden, getrocknet oder Dosenware auch in kleineren Shops, im Feinkostgeschäft und Bioladen.

➤ **Zubereitung:** Getrocknete Lotuswurzeln vor der Verwendung je nach Packungsangabe 2-12 Stunden einweichen, dann dämpfen oder dünsten und z.B. mit *Sojasauce würzen. Wurzeln aus der Dose nur abtropfen lassen.

➤ **Lagerung/Haltbarkeit:** Lotuswurzeln aus angebrochenen Konserven in ein dicht schließendes Gefäß umfüllen. Mit Wasser bedeckt, können sie einige Tage im Kühlschrank aufgehoben werden. Das Wasser täglich wechseln. Getrocknete Wurzeln kühl und trocken lagern.

➤ **Wissenswert:** Auch die Samen der in China als heilig geltenden Lotuspflanze sind genießbar. Sie werden in den Anbauländern pur geknabbert oder zur Deko von Desserts verwendet. Lotussamen, die auch Lotusnüsse oder -kerne heißen, haben allerdings einen für Europäer gewöhnungsbedürftigen leicht bitteren Nachgeschmack. Meist werden sie getrocknet oder in Dosen angeboten. Dosenware ist zu bevorzugen, denn hier zu Lande erhältliche, getrocknete Lotussamen sind steinhart, zum Knabbern nicht geeignet und müssen erst weich gekocht werden.

MACIS
Muskatblüte

Getrockneter, orangebrauner Samenmantel (Ariebus) der Muskatnuss.

➤ **Herkunft:** Ursprünglich Molukken, heute Indonesien, Sri Lanka, Malaysia, Indien, auch Neuguinea, Madagaskar, Mauritius, Réunion, Westindien und Brasilien.

➤ **Verwendung:** Wie Muskatnuss ein wichtiges Gewürz in der indischen und indonesischen Küche.

➤ **Geschmack:** Intensiv-aromatisch wie Muskatnuss, aber feiner mit leicht süßlich-lieblicher Note.

➤ **Angebot:** Im Ganzen, in Streifen zerkleinert (»broken«) oder als Pulver.

➤ **Qualität/Einkauf:** Macis am besten stückweise kaufen und im Mörser selbst zerstoßen.

➤ **Zubereitung:** Damit sich das Aroma gut entfalten kann, Stücke oder Streifen bei Bedarf frisch zerstoßen. Intensive Würze, Gerichte deswegen erst am Ende der Garzeit sparsam abschmecken.

➤ **Rezepttipp:** Für gute Laune 1 Becher Vollmilchjoghurt mit 1-2 Prisen Macis abschmecken und genießen.

➤ **Lagerung/Haltbarkeit:** Kühl und trocken gelagert behalten getrocknete Macisstücke ein Jahr und länger ihr Aroma. Gemahlene Muskatblüte innerhalb eines halben Jahres verbrauchen.

➤ **Ersatz:** In pikanten Gerichten durch Muskatnuss.

➤ **Wissenswert:** Wie Muskatnuss wirkt auch Macis in geringem Maß stimmungsaufhellend.

MANGO

Steinfrucht des Mangobaums.

➤ **Herkunft:** Süd- und Südostasien, vor allem Indien, aber auch Australien, Madagaskar, Ost- und Südafrika, Süd- und Mittelamerika.

➤ **Verwendung:** Beliebte Frucht der indischen und südostasiatischen Küche für Süßspeisen, Getränke, Chutneys und Curry-Gerichte.

➤ **Geschmack:** Süßlich-herb mit fruchtig-aromatischem Duft.

➤ **Sorten:** Allein in Indien wachsen über 1000 Mango-Sorten – von aprikosenkleinen bis hin zu kürbisgroßen, zwei Kilogramm schweren Exemplaren. Mangos können rund bis länglich-oval, auch nieren- oder herzförmig, grün, gelb, orange bis sattrot sein.

➤ **Qualität/Einkauf:** Beim Kauf weniger auf die Sorte als auf den Reifegrad der Mango achten! Nicht ganz einfach, machen Sie den Schnuppertest: Gut ausgereifte Mangos duften intensiv. Außerdem sind sie sehr saftig, geben deshalb auf Fingerdruck leicht nach. Auch unter runzliger oder grüner Schale kann sich aromatisches Fruchtfleisch verbergen. Dagegen können unsachgemäß nachgereifte Früchte bei tadellosem, weichem Äußeren ungenießbares Fruchtfleisch haben, das man erst nach dem Schälen an braunen Flecken und Verfärbungen erkennt. Unreife Früchte fühlen sich hart an. Sie können für Chutney und Kompott verwendet werden.

➤ **Zubereitung:** Mango längs in drei Teile schneiden: in zwei äußere »Backen« und eine mittlere Scheibe, in der der Stein liegt. Fruchtfleisch aus den beiden »Backen« mit einem Esslöffel in einem Stück herauslösen, dabei ganz dicht an der Schale bleiben. Vom Mittelstück die Schale mit einem spitzen Messer wegschneiden. Dann das Fruchtfleisch vom Stein schneiden.

➤ **Lagerung/Haltbarkeit:** Reife Mangos sofort verzehren. Bei Zimmertemperatur reifen sie weiter und verderben.

➤ **Wissenswert:** Saftflecke lassen sich aus Kleidungsstücken kaum entfernen. Mangos enthalten reichlich Vitamin C und von allen Obstsorten die größte Menge an Provitamin A.

MANGO-CHUTNEY

Saucendip aus *Mangos, die mit *Ingwer, *Pfeffer, Essig, *Chili, Zucker oder anderen Gewürzen eingekocht werden.

➤ **Verwendung:** Zu indischen Geflügel-, Gemüse- und Fleischcurrys. Auch zu indonesischen, birmanischen und chinesischen Spezialitäten.

➤ **Geschmack:** Fruchtig-scharf oder exotisch-süß.

➤ **Sorten:** In Indien gibt es so viele Chutney-Rezepte wie Mango-Sorten. Hier zu Lande kann man meist nur zwischen scharfem, »hot sliced«, und süßem, »sweet sliced«, Mango-Chutney wählen.

➤ **Qualität/Einkauf:** Im Supermarkt, in größerer Auswahl auch im Asienladen und Feinkostgeschäft. Wer Zeit hat, kocht selbst.

➤ **Selbst gemacht:** Für ein süß-scharfes Mango-Chutney 1 kg *Mango (dürfen ein wenig hart sein) schälen, das Fruchtfleisch in Würfel schneiden, mit Salz bestreut 2 Stunden ziehen lassen. 1 walnussgroßes Stück sehr frische *Ingwerwurzel schälen und durch die Knoblauchpresse drücken. 1 Knoblauchzehe dazudrücken. 1-2 TL *Chilipulver und 3 EL milden Weißweinessig unterrühren. Die gesalzenen Mangos mit 200 g braunem Zucker, 1 *Sternanis, ½ Zimtstange, 3 EL Essig und 100 ml Wasser aufkochen und etwa 30 Minuten zugedeckt köcheln lassen. ½ frische Ananas schälen, vom Strunk befreien und in kleine Würfel schneiden. Mit der Knoblauchmischung zum Mangokompott geben. Noch 20 Minuten köcheln lassen und heiß in saubere Schraubverschlussgläser füllen.

➤ **Lagerung/Haltbarkeit:** Ungeöffnet hält sich selbst gemachtes Chutney einige Wochen. Angebrochenes Chutney im Kühlschrank aufbewahren und bald aufbrauchen.

MEHL

Zum Backen und Binden verwenden asiatische Köche gern Mehle, die in Europa nicht überall erhältlich sind. Mittlerweile werden die Mehlsorten aber in den meisten Asienläden, im Feinkostgeschäft, Bioladen und Reformhaus angeboten.

➤ **Reismehl** wird aus Rundkornreis (Klebreis) hergestellt und vor allem für Nudeln, feines Gebäck oder auch süße Speisen verwendet. Die Verarbeitung von Reismehl benötigt etwas Geduld: Reismehl zunächst mit wenig heißem Wasser gründlich verrühren, bis ein glatter Teig entsteht. Den Teig abkühlen lassen, dann nochmals kräftig kneten. Nicht aufgeben, der Teig klebt nur am Anfang stark!

➤ **Chapatimehl** ist eine indische Spezialität aus Vollkornweizenmehl und Weizenmehl. Im Asienladen wird es auch unter dem Namen **Chapati-A(t)ta** angeboten. Aus Chapati-Mehl, Wasser, *Ghee und Salz werden die berühmten indischen Chapati-Fladenbrote – in einer Pfanne – gebacken. Fein gemahlenes Weizenmehl (Type 1050) kann als Ersatz dienen.

➤ **Kichererbsenmehl,** indisch auch Besan genannt, hat einen nussigen Geschmack und kann schlecht ersetzt werden. Das blassgelbe, fein gemahlene Mehl wird in der indischen Küche für Gebäck, aber auch als Gemüsepanade verwendet. Auch in türkischen oder arabischen Spezialitätenläden und wie alle übrigen Mehle im Asienladen erhältlich.

➤ **Tempuramehl.** Das stärkehaltige Mehl ähnelt unserer Kartoffelstärke. In Südostasien, vor allem Japan und Thailand, wird es zum Andicken von Saucen sowie für die Zubereitung des berühmten Teigmantels verwendet. Um Saucen sämiger zu machen, Tempuramehl mit etwas Wasser verrühren, dann in die Sauce einrühren und aufkochen. Im Asienladen werden auch fertige Mischungen für den Tempurateig (Tempura Mix Paniermehl) angeboten.

➤ **Tapiokamehl** ist ein Stärkemehl, gewonnen aus den dicken Knollen des Maniokstrauchs (Cassave), der in fast allen tropischen Ländern angebaut wird. Die Wurzeln selbst werden in Indonesien auch zu Chips geschnitten und frittiert oder zu Brei verkocht. Auf Basis von Tapiokamehl wird z.B. das indonesische Krabbenbrot *Krupuk hergestellt. Aufgrund seines hohen Stärkegehalts ist Tapioka ein ideales Bindemittel für Suppen und Saucen. Tapiokamehl in etwas kaltem Wasser anrühren, diese Mischung zum Gericht geben und mitkochen lassen. Die Bindung erfolgt nach 20-25 Minuten.

Tipps:

➤ Manche Mehlsorten können auch sehr gut in der europäischen Küche eingesetzt werden, z. B. zum Binden von Saucen.

➤ Mehl aus Tüten am besten in ein dicht schließendes Gefäß (z. B. saubere Gurken- oder Einmachgläser) umfüllen. So haben Schädlinge keine Chance.

➤ Angebrochene Packungen schnell aufbrauchen. Mehl, das schon länger im Vorratsschrank steht, vor der Verwendung kontrollieren.

MISO
Sojabohnenpaste

Paste aus fermentierten Sojabohnen und Reis oder Gerste.

➤ **Herkunft:** Japan, China.

➤ **Verwendung:** Grundnahrungs- und Würzmittel in der japanischen Küche. Bestandteil der Misosuppe, von Saucen, Marinaden und Dips.

➤ **Geschmack:** Je nach Sorte mild-aromatisch, salzig bis süß-scharf.

➤ **Angebot:** Meist in Kunststofffolie luftdicht verpackt.

➤ **Sorten:** In Japan gibt es zahlreiche Sorten, die Unterschiede ergeben sich auf Grund der verwendeten und fermentierten Zutaten: Einige Misoarten werden nur aus Sojabohnen fermentiert, anderen wird Reis oder Gerste zugesetzt. Geschmacklich unterscheidet man dunkles Miso, auch Akamiso oder rotes Miso, mit kräftigem Geschmack und helleres Miso, Shiromiso oder weißes Miso, das milder und süßlicher schmeckt. Die Bezeichnungen ergeben sich aus der japanischen Übersetzung, tatsächlich sind beide Sorten bräunlich.

➤ **Qualität/Einkauf:** Im Asienladen in verschiedenen Variationen, außerdem im Reformhaus und Bioladen. Natürlich gereiftes Miso enthält weder Farb-, Geschmacks- noch Konservierungsstoffe.

➤ **Zubereitung:** 1 TL reicht oft schon, um Suppen abzuschmecken. Miso hat einen hohen Salzgehalt, zusätzliches Salzen ist meist überflüssig.

➤ **Rezepttipp:** Für eine einfache Misosuppe 1 Stange Lauch in hauchfeine Ringe schneiden. 750 ml *Dashi-Brühe aufkochen. 75 g Miso durch ein Sieb in die heiße Suppe drücken und einrühren. Lauch und 1 TL fein geriebenen *Ingwer unterrühren und kurz ziehen lassen.

➤ **Lagerung/Haltbarkeit:** Angebrochene Packungen halten sich im Kühlschrank bis zu vier Wochen.

➤ **Wissenswert:** Auch die Chinesen kennen Bohnenpaste: süße aus Rotbohnen und Zucker für Desserts und salzige aus fermentierten Soja- oder dicken Bohnen, Weizenmehl und Gewürzen.

Brauner, bizarr aussehender Speisepilz.

➤ **Herkunft:** Ursprünglich China.

➤ **Verwendung:** In der chinesischen Küche beliebte Zutat für Fleischgerichte und pfannengerührtes Gemüse.

➤ **Geschmack:** Mild-aromatisch bis neutral, die Pilze harmonieren deshalb gut mit vielen anderen Zutaten.

➤ **Angebot:** Selten frisch, meist getrocknet in Tüten.

➤ **Sorten:** Außer den braunen Exemplaren gibt es aus der gleichen Familie auch eine helle Sorte, die in China ebenfalls Mu-Err-Pilze, hier zu Lande aber Silbermorcheln heißt.

➤ **Qualität/Einkauf:** Getrocknete Pilze im Asienladen, Supermarkt und Bioladen.

➤ **Zubereitung:** Getrocknete Pilze mit warmem Wasser übergießen und 20 Minuten einweichen lassen, bis sie auf etwa fünffache Größe aufgequollen sind. Im Sieb abspülen, das Einweichwasser kann – gefiltert – für eine Sauce verwendet werden. Pilze möglichst mitkochen, sonst sind sie leicht zäh.

➤ **Lagerung/Haltbarkeit:** Gut verpackt sind getrocknete Pilze im Vorratsschrank lange haltbar. Mindesthaltbarkeit beachten!

➤ **Ersatz:** Getrocknete *Shiitake-Pilze. Verleihen dem Gericht aber ein intensiveres Pilz-Aroma.

NELKEN
Gewürznelken

Getrocknete Blütenknospen des Gewürznelken-Baums.

➤ **Herkunft:** Ursprünglich Molukken, heute Indonesien, Sri Lanka, Madagaskar, Westindische Inseln, Unguja (Sansibar).

➤ **Verwendung:** Geröstet und gemahlen in Gewürzmischungen wie *Garam Masala, *Currypulver, *Fünfgewürz. In der indischen Küche als ganze Knospe zum Aromatisieren von kräftig-würzigen Fleischgerichten, Eier- und Hähnchencurrys.

➤ **Geschmack:** Feurig-würzig mit aromatischem Duft.

➤ **Angebot:** Ganz oder gemahlen als Nelkenpulver.

➤ **Qualität/Einkauf:** Am besten ganze Nelken kaufen. Hochwertige duften intensiv-aromatisch und haben ein Köpfchen.

➤ **Zubereitung:** Damit sich das Aroma gut entfalten kann, ganze Nelken vor der Verwendung kurz anrösten, dann im Mörser zerstoßen oder in einer Gewürzmühle fein mahlen. Ganze Nelken können auch mitgegart werden. Vor dem Servieren aus dem Gericht entfernen.

➤ **Rezepttipp:** Für 1 Liter Gewürztee 500 ml Wasser mit 4-5 Nelken, 1 Zimtstange und 3-4 grünen *Kardamomkapseln aufkochen, 5 Min. köcheln lassen. 1-2 EL Honig und knapp 500 ml Milch einrühren. Nochmals aufkochen und den Topf vom Herd ziehen. 4 TL Assam-Tee einrühren, 4 Min. ziehen lassen und durch ein feines Sieb abseihen.

➤ **Lagerung/Haltbarkeit:** Ganze Nelken behalten in einem dicht schließenden Glas leicht ein Jahr und länger ihr Aroma. Gemahlene Nelken ebenfalls gut verschlossen aufbewahren, innerhalb eines halben Jahres aufbrauchen.

➤ **Wissenswert:** Ob die Nelken qualitativ hochwertig sind, können Sie leicht prüfen: Gute Nelken schwimmen aufrecht im Wasser mit der Knospe oben oder sinken nach unten, minderwertige schwimmen waagerecht. Übrigens helfen Nelken gegen Zahnweh: Eine ganze Nelke auf die schmerzende Stelle legen, das Nelkenöl betäubt bis zum Zahnarztbesuch.

Grünlich-braune, papierdünne Platte aus getrocknetem und gepresstem Seetang.

➤ **Herkunft:** Japan, Korea.

➤ **Verwendung:** Umhüllung der japanischen Maki- und Temaki-Sushi. Nori-Algen sind Bestandteil der Würzmischung *Shichimi Togarashi.

➤ **Geschmack:** Herb-unaufdringlich, leichte Fisch-Note.

➤ **Angebot:** In Packungen mit mehreren rechteckigen Blättern, die auf die gewünschte Größe zugeschnitten werden können.

➤ **Sorten:** Ungeröstet oder bereits geröstet.

➤ **Qualität/Einkauf:** Im Asienladen, Bioladen oder Supermarkt. Einsteiger kaufen am besten bereits geröstete Blätter.

➤ **Zubereitung:** Ungeröstete Blätter in einer heißen Pfanne ohne Fett rösten, bis sie duften. Im Ganzen belassen oder mit einer Küchenschere zurechtschneiden. Zum Garnieren von Suppen oder Salaten zerkrümeln. Beim Sushi-Rollen: Noriblätter mit der glatten Seite nach unten auf Bambus-Rollmatte oder Pergamentpapier legen und belegen. Sushi-Rollen lassen sich am besten mit einem sehr scharfen, mit Essigwasser angefeuchteten Messer schneiden.

➤ **Rezepttipp:** Für Temaki-Sushi vorbereiteten Sushi-*Reis zu kleinen Bällchen formen. Räucherlachs-Scheiben in feine Streifen schneiden. Jeweils ein halbiertes Noriblatt in eine Hand legen, darauf ein Reisbällchen setzen. Dieses mit etwas *Wasabipaste bestreichen, einige Lachsstreifen drauflegen und andrücken. Das Noriblatt mit der Füllung zu einer unten spitz zulaufenden Tüte aufrollen.

➤ **Lagerung/Haltbarkeit:** Vor Feuchtigkeit schützen.

➤ **Ersatz:** Wer bei Sushi auf Noriblätter verzichten möchte, bereitet Nigiri-Sushi zu, kleine Reisklößchen mit Scheiben aus rohem Fisch.

➤ **Wissenswert:** Wie alle Seetangarten sind Noriblätter reich an Kalzium, Magnesium, Phosphor, Vitamin A, Eisen und Jod.

NUDELN

Nudeln werden in ganz Asien gern gegessen. Man serviert sie gekocht, gebraten, frittiert und sogar zu Reis.

➤ **Weizennudeln (Mee):** Gibt es in allen Varianten von spaghettidünn bis bandnudelbreit. Werden aus hellem Weizenmehl hergestellt. Im Unterschied zu unseren Nudeln werden sie oft vorgedämpft (Instant-Nudeln) und sind deshalb sehr schnell gar. Ersatzweise Vermicelli, Spaghettini oder Tagliatelle verwenden.

➤ **Udon- und Somennudeln** heißen die japanischen Weizenmehlnudeln. Die spaghettiähnlichen Somennudeln haben eine kurze Garzeit. Udonnudeln sind weiß und dick, ihre Kochzeit beträgt bis zu 10 Minuten.

➤ **Chinesische Eiernudeln** sind dünne bis breite Nudeln aus Weizenmehl und Ei (oft mit Gänse- oder Entenei), manchmal aromatisiert mit Garnelen- oder Fischpulver. Wie Weizennudeln sind sie oft vorgekocht und sehen dann gelockt aus. Zubereitung: Mit kochendem Wasser bedecken. Wasser mit Nudeln kurz aufkochen und zwei Minuten sieden lassen, dann abgießen.

➤ **Glasnudeln** sind feine, manchmal auch breitere, glasig-weiße Nudeln aus Mungobohnen-, Tapioka- oder Sojabohnenstärke. Nicht kochen, sondern einfach mit kochendem Wasser überbrühen und 10 Minuten ziehen lassen, bis sie weich und transparent sind. Dann gut abtropfen lassen und klein schneiden – am besten mit einer Schere. Wenn die Glasnudeln frittiert werden, müssen sie zuvor nicht unbedingt eingeweicht werden.

➤ **Reisnudeln** werden aus Reismehl hergestellt und schmecken auch ein wenig nach Reis. Im Asienladen werden sie in verschiedenen Varianten von fadendünn bis bandnudelbreit angeboten. Ungegart sehen sie weiß-transparent aus, beim Garen werden sie richtig weiß. Wie Glasnudeln nicht kochen, sondern nur überbrühen oder frittieren. Ersatz: Nudeln aus Weizenmehl – am besten asiatische.

➤ **Sobanudeln** sind eine japanische Spezialität und werden aus Buchweizenmehl, teilweise aber auch aus einer Mischung von Buchweizen- und Weizenmehl hergestellt. Dadurch erhalten sie die Braunfärbung. Zubereitung: Sobanudeln in sprudelnd kochendem Wasser garen, anschließend ganz kurz mit kaltem Wasser abschrecken. Sobanudeln werden gern heiß in Brühe aber auch kalt mit Dip gereicht.

Tipps:

➤ Wie bei europäischen Teigwaren vor der Zubereitung die jeweilige Packungsanleitung beachten! Die Zubereitung eines Produkts verschiedener Hersteller kann sich unterscheiden.

➤ Angebrochene Päckchen unbedingt trocken lagern, am besten in einem dicht schließenden Gefäß, z.B. Kunststoffdosen. Auf jeden Fall in eine Tüte geben oder fest in Folie wickeln. Vor allem vorgegarte Instant-Nudeln nehmen Feuchtigkeit rasch an und werden dann weich.

➤ Asiatische Nudeln sind häufig schon gesalzen. Sie werden deshalb meist in ungesalzenem Wasser gegart.

PALMZUCKER

Süßungsmittel aus dem Saft der Blüten verschiedener Palmenbäume (z.B. Kokos- oder Palmyrapalme).

➤ **Herkunft:** Südostasien, Indien.

➤ **Verwendung:** In der indischen und vor allem auch südostasiatischen Küche zum Süßen kalter und warmer Spezialitäten.

➤ **Geschmack:** Aromatisch süß.

➤ **Angebot:** Zu Blöcken gepresst, als Paste und auch kristallisiert im Glas.

➤ **Sorten:** Geschmack variiert je nach Palmenart. Die Konsistenz kann feucht und karamellartig oder krümelig bis trocken und hart sein.

➤ **Qualität/Einkauf:** Im Asienladen, meist zu Blöcken gepresst.

➤ **Zubereitung:** Den Palmzucker von harten Blöcken mit einem Messer abschaben oder abreiben. Kleine Blöcke zerstoßen. Palmzucker in etwas heißem Wasser oder heißer *Sojasauce auflösen.

➤ **Rezepttipp:** Ein Dessert aus der Thai-Küche: 1 Honigmelone kühlen, 1 Dose *Kokosmilch (400 ml) erhitzen, 50 g Palmzucker darin auflösen. Die Milch abkühlen lassen. Inzwischen das Melonenfruchtfleisch würfeln und mit der abgekühlten Milch übergießen.

➤ **Lagerung/Haltbarkeit:** Trocken gelagert ist Palmzucker wie normaler Haushaltszucker sehr lange haltbar. Zum Schutz vor Feuchtigkeit in Folie packen.

➤ **Ersatz:** Brauner Zucker oder Ahornsirup.

PAPAYA
Papaifrucht, Baummelone

Gelbe bis gelbgrüne Frucht des Papaya-Melonenbaums.

➤ **Herkunft:** Ursprünglich Südmexiko, in Asien vor allem Indien, Philippinen, Indonesien und Thailand, auch Mittel- und Südamerika, USA und Afrika.

➤ **Verwendung:** Die süße, melonenartige Frucht schmeckt nicht nur roh oder in Desserts: in Indien, Thailand und Indonesien ist sie oft Bestandteil von Fleisch- und Fischgerichten mit Knoblauch und *Curry, Erdnüssen oder Mandeln. Die Kerne sind ungenießbar.

➤ **Geschmack:** Mild-süß und sehr saftig.

➤ **Angebot:** Frisch ganzjährig aus verschiedenen Erzeugerländern.

➤ **Sorten:** Weltweit werden in tropischen Gebieten etwa 50 verschiedene Sorten angebaut, bis zu neun Kilogramm schwere Exemplare. Auf europäische Obstmärkte gelangen nur kleine Früchte von etwa 300 Gramm bis 1 Kilogramm.

➤ **Qualität/Einkauf:** Im Supermarkt, Feinkost- oder Gemüsegeschäft. Reife Früchte sind grüngelb bis rundum gelb und geben auf Druck leicht nach. Zum Mitkochen für Chutneys, Kompotte und Konfitüren können auch grüne Papaya verwendet werden.

➤ **Zubereitung:** Der Länge nach halbieren und mit einem Löffel die Samen herauskratzen, die Schale entfernen. Das Fruchtfleisch in Scheiben schneiden, mit ein paar Tropfen *Limetten- oder Zitronensaft beträufeln, um das Aroma abzurunden.

➤ **Lagerung/Haltbarkeit:** Papayas reifen bei Zimmertemperatur nach. Reife Früchte im Kühlschrank aufbewahren.

➤ **Ersatz:** Zum Rohverzehr Honigmelone.

➤ **Wissenswert:** Bei der Zubereitung von Desserts beachten, dass das Papain, ein Enzym des rohen Fruchtfleischs, das Gelieren von Konfitüren und Gelatinespeisen verhindert.

P PFEFFER

Beeren des Pfefferstrauchs – entweder grün (unreif geerntet und in Essig oder Salzlake eingelegt), schwarz (ebenfalls unreif geerntet, fermentiert und getrocknet) oder weiß (rot und reif geerntet, eingeweicht, getrocknet und geschält).

➤ **Herkunft:** Vor allem Indien, Indonesien.

➤ **Verwendung:** »Scharfmacher« Nr. 2 nach *Chilischoten. Schwarzer Pfeffer ist in der indischen und thailändischen, weißer in der chinesischen Küche beliebt.

➤ **Geschmack:** Grün: Fruchtig-aromatisch scharf. Schwarz: Würzig-scharf. Weiß: Mild-scharf.

➤ **Angebot:** Getrocknete schwarze und weiße Pfefferkörner, auch gemahlen, eingelegte oder gefriergetrocknete grüne Beeren.

➤ **Sorten:** Alle Pfeffersorten stammen von derselben Pflanze und enthalten Piperin, das für die Schärfe sorgt und vor allem in der Schale steckt. Deshalb schmeckt schwarzer und grüner Pfeffer schärfer als weißer, dessen Schale durch Fermentation entfernt wird.

➤ **Qualität/Einkauf:** Gemahlener Pfeffer verliert schnell sein Aroma. Besser ganze Pfefferkörner nach Bedarf mahlen.

➤ **Zubereitung:** Körner für Marinaden ganz verwenden, sonst im Mörser grob zerstoßen oder mit der Pfeffermühle frisch mahlen.

➤ **Lagerung/Haltbarkeit:** Gemahlenen Pfeffer möglichst innerhalb eines halben Jahres aufbrauchen. Ganze Pfefferkörner können – vor Sonnenlicht und Feuchtigkeit geschützt – problemlos bis zu drei Jahren aufbewahrt werden.

➤ **Wissenswert:** Schon in 3000 Jahre alten Sanskritschriften wird Pfeffer erwähnt – unter dem Namen Pippari. Phönizische Kaufleute brachten ihn aus seiner indischen Heimat mit ins Abendland. Bei den alten Römern gehörte er zu den kostbarsten Gewürzen überhaupt. Viele Jahrhunderte lang blieb er exklusiv und teuer.

PFLAUMENSAUCE

Marmeladenartige pikante Sauce aus Pflaumen, Knoblauch, *Ingwer, Zucker und anderen Gewürzen, häufig *Chilipulver, Essig, auch Aprikosen.

➤ **Herkunft:** China, Thailand.

➤ **Verwendung:** In der chinesischen Küche als Dip für gebratenes Fleisch, z.B. Entenbraten oder Schweinefleisch, auch zum Würzen und Abschmecken von Saucen und Marinaden. In Thailand beliebt zu Fisch und Meerefrüchten.

➤ **Geschmack:** Süßlich-scharf mit deutlicher Pflaumennote.

➤ **Angebot:** Im Glas.

➤ **Qualität/Einkauf:** Im Asienladen

➤ **Zubereitung:** Zum Abschmecken von Saucen oder als Dip zu gegrilltem und gebratenem Fleisch.

➤ **Selbst gemacht:** 500 g Pflaumen entsteinen. 1 walnussgroßes Stück *Ingwer und 1 Knoblauchzehe schälen und fein hacken. Mit 50 g braunem Zucker, 125 ml Essig und ½-1 TL *Chilipulver in einen breiten Topf geben, aufkochen. 30-40 Minuten vorsichtig bei schwacher Hitze und ständigem Rühren köcheln lassen. Dann in saubere Schraubverschlussgläser füllen.

➤ **Rezepttipp:** Probieren Sie Pflaumensauce auch als Dip zu Frühlingsrollen oder als Sauce für chinesisches Fleischfondue.

➤ **Lagerung/Haltbarkeit:** Nach Anbruch im Kühlschrank aufheben und bei Bedarf mit einem sauberen Löffel entnehmen.

➤ **Ersatz:** Zum Abschmecken von Saucen eventuell etwas Pflaumenmus.

R REIS

Ob in Indien, China, Japan oder Indonesien – Reis ist Lebensmittel Nr. 1. Er wird auch gerne zu Kartoffeln oder Nudeln serviert.

➤ **Langkornreis** ist in jedem Supermarkt erhältlich. Er eignet sich wunderbar für Reispfannen, weil er locker und körnig ist und nach dem Garen noch Biss hat. Auch als Beilagenreis ist er ideal. Vor der Verwendung muss er weder gewaschen noch eingeweicht werden. Nach Packungsanleitung mit der zwei- bis dreifachen Menge Flüssigkeit garen. Geschälter »parboiled« Reis benötigt etwa 20 Minuten, ungeschälter Naturreis bis zu 45 Minuten Garzeit.

➤ **Basmatireis** stammt aus dem Kaschmir-Hochland, wächst heute vor allem im Himalajagebirge. Er ist der feinste und deshalb auch teuerste Reis unter den Langkorn-Sorten. Gekocht hat er lange, dünne Körner, feste Konsistenz und einen aromatischen Duft. Deshalb wird er auch in Indien »der Duftende« genannt. Und so wird er in Indien häufig zubereitet: 250 g Reis in einem Sieb waschen, bis das Wasser klar abläuft, dann in einer Schüssel mit Wasser bedecken und 30 Minuten einweichen lassen. Abgießen, mit 500 ml frischem Wasser aufkochen und anschließend bei ganz schwacher Hitze zugedeckt 15 Minuten quellen lassen, bis er das Wasser vollständig aufgesogen hat.

➤ **Duftreis** aus Thailand verdankt seinen Namen dem unwiderstehlichen Duft, den er nach der Zubereitung verströmt. Er heißt auch **Jasminreis,** gehört zu den Langkorn-Sorten und passt zu allen asiatischen Gerichten. Er wird wie Basmati gegart.

➤ **Patna- oder Siamreis** ist nach dem Garen duftig, weiß und ein bisschen klebrig, was das Essen mit Stäbchen erleichtert. Die Körner haften ganz leicht aneinander.

➤ **Ketanreis** wird im Asienladen oder Supermarkt auch als **Sushi-Reis** oder **Klebreis** für Sushi angeboten. Denn meist wird dieser Rundkornreis in Japan auch für Sushi verwendet. In Indonesien und anderen südostasiatischen Ländern aber auch für Süßspeisen. Zubereitung für Sushi: 250 g Reis in einem Sieb unter fließendem kaltem Wasser abspülen, bis das Wasser klar abläuft. Abtropfen lassen. Reis in 300 ml Wasser 10 Minuten quellen lassen. Dann unter Rühren aufkochen und – je nach Packungsanleitung – 15-30 Minuten bei sehr schwacher Hitze quellen lassen. Den Reis mit einem Küchentuch bedecken, 10 Minuten abkühlen und nachquellen lassen. 3 EL *Reisessig mit 1 EL Zucker und Salz aufkochen, mit einem Holzspatel oder -löffel unter den Reis mischen. Den gegarten Reis mit einem feuchten Küchentuch abdecken, damit er nicht austrocknet. So kann er einige Stunden aufbewahrt werden. Als Ersatz ist Risottoreis nur bedingt zu empfehlen.

Tipps:

➤ Für 4 Portionen rechnet man mindestens 250 g Reis.

➤ In den asiatischen Ländern wird der Reis meist ohne Salz zubereitet. Das ist für europäische Gaumen gewöhnungsbedürftig. Wer mag, gibt auf 250 g Reis knapp ½ TL Salz in das Kochwasser.

➤ Je mehr Wasser Sie verwenden, desto klebriger wird der Reis, je weniger Wasser, desto körniger.

➤ Reis aus geöffneten Tüten oder Packungen am besten in ein dicht schließendes Gefäß, z.B. saubere Marmeladen-, Gurken- oder Einmachgläser, umfüllen. So kann er lange aufbewahrt werden. Am besten die Gläser mit der Reissorte und dem Mindesthaltbarkeitsdatum (Packungsangabe) beschriften.

R
REISESSIG
Su (jap.)

Aus Reismaische gewonnener Essig mit geringer Säure.

➤ **Herkunft:** Japan, China.

➤ **Verwendung:** Wichtige Zutat in der japanischen Sushi-Küche, in Südostasien und China auch zum Abschmecken von sauer-scharfen Suppen oder süß-sauren Gemüse- und Fleischgerichten.

➤ **Geschmack:** Mild-säuerlich mit feinem Reisaroma.

➤ **Angebot:** In Flaschen.

➤ **Sorten:** Der in China beliebte dunkelbraune (schwarze) Reis-essig schmeckt kräftig, wird zum Marinieren von Fleisch und zum Abschmecken von Suppen und Saucen verwendet. In der japanischen Küche wird vor allem der klare (weiße) Essig zum Säuern von Sushi verwendet, für Saucen auch roter Reisessig (aus rotem Reis), der sehr wenig Säure enthält.

➤ **Qualität/Einkauf:** Im Asienladen, Bioladen, Reformhaus und Supermarkt.

➤ **Zubereitung:** Reisessig wie normalen Essig verwenden. Wer Sushi zubereitet, säuert mit Reisessig nicht nur den Reis, sondern stellt sich noch ein Schälchen Wasser mit einem Schuss Essigwasser auf die Arbeitsfläche. Hände und Messer lassen sich darin immer wieder vom klebrigen Sushi-Reis säubern.

➤ **Lagerung/Haltbarkeit:** Gut verschlossen lange haltbar.

➤ **Ersatz:** Mit Wasser verdünnter milder Obst- oder Weißwein-essig. Statt schwarzem Reisessig auch Aceto Balsamico.

Fermentgetränk aus Reis, Wasser, Malz und Hefe mit süßer (Mirin) oder herber Note (Sake).

➤ **Herkunft:** Japan, China, Korea.

➤ **Verwendung:** Der chinesische Reiswein aus Shaoxing wird wie der japanische Mirin vorwiegend zum Kochen verwendet, aber auch wie der japanische Sake traditionell warm (bis 50°) zum Essen getrunken. Koreanische Köche aromatisieren Speisen ebenfalls gern mit Reiswein. Mirin gibt japanischen Grillgerichten nicht nur die typisch süßliche Note, sondern auch appetitlichen Glanz.

➤ **Geschmack:** Sake herb, Mirin süßlich, Shaoxing-Wein kräftig-süßlich.

➤ **Angebot:** In Flaschen.

➤ **Sorten:** Der klare Sake enthält 14 bis 17 Vol% Alkohol. Neben grünem Tee und Bier ist er mit seinem herben Geschmack ein beliebtes Getränk zum Essen. Der goldfarbene, sirupähnliche Mirin schmeckt süßlich und wird selten pur genossen, sondern fast nur als Kochwein verwendet. Der chinesische Reiswein aus Shaoxing enthält bis zu 18 Vol% Alkohol und hat eine süßliche Note.

➤ **Qualität/Einkauf:** Im Asienladen, Bioladen, Feinkostgeschäft und Supermarkt. Wählen Sie Sake, wenn Sie mit dem Reiswein nicht nur kochen, sondern ihn auch trinken wollen.

➤ **Zubereitung:** Ein Schuss Reiswein aromatisiert Saucen. Als Getränk wird Reiswein im Wasserbad erhitzt und traditionell warm serviert. Kalt in Cocktails.

➤ **Lagerung/Haltbarkeit:** Reiswein dunkel lagern. Sake jung trinken und nach dem Öffnen der Flasche schnell aufbrauchen, da er leicht an Geschmack verliert.

➤ **Ersatz:** Shaoxing-Wein durch Amontillado-Sherry (Medium dry) ersetzen. Sake durch trockeneren, Mirin durch süßeren Sherry. Weißwein ist nicht geeignet.

SAMBAL OELEK/SAMBAL MANIS
Sambal Ulek oder Olek/Sambal Anis

Würzpaste aus *Chili, Zitrone, Essig, Öl und Gewürzen. Heute gibt es eine Vielzahl von Sorten, die sich durch die Grundzutaten und Gewürze unterscheiden. Populär: Sambal Oelek aus zerstoßenen roten *Chilischoten und Salz, Sambal Manis aus Chilischoten und Zucker.

➤ **Herkunft:** Indonesien, Malaysia.

➤ **Verwendung:** Allround-Würze in der indonesischen, malaysischen und indischen Küche zu Geflügel-, Fleisch- und Fischgerichten.

➤ **Geschmack:** Von mild-scharf, süßlich bis höllisch-scharf .

➤ **Angebot:** Im Glas.

➤ **Sorten:** Die Palette reicht von einfachen Pasten aus zerstoßenen *Chilischoten (Sambal Oelek) bis hin zu aufwändigen Mischungen mit zahlreichen Gewürzen. Beliebt sind auch das mit Zwiebeln und zerstampften Garnelen aromatisierte Sambal Trassi und Sambal Nasi Goreng, eine Würzmischung mit Chili und Zwiebeln, die speziell auf das indonesische Nationalgericht abgestimmt ist.

➤ **Qualität/Einkauf:** Eine kleine Sambal-Auswahl bietet fast jeder Supermarkt. Großes Angebot im Asienladen.

➤ **Zubereitung:** Vorsichtig teelöffelweise ans Gericht geben, abschmecken und evtl. nachwürzen. Am Tisch bereitstellen.

➤ **Zubereitung:** Für ein ebenso einfaches wie scharfes Sambal Oelek 8 rote *Chilischoten waschen, ohne Stiele grob zerkleinern und mit 3 EL Öl und ½ TL Salz im Mixer fein pürieren. Paste in eine Pfanne unter ständigem Rühren etwa 10 Minuten erhitzen, bis sich das Öl absetzt, dann abkühlen lassen.

➤ **Lagerung/Haltbarkeit:** Selbst gemachtes Sambal hält sich gut verschlossen im Kühlschrank zwei Wochen. Fertigzubereitungen immer wieder gut verschließen, nach dem Öffnen im Kühlschrank noch bis zu vier Monate aufbewahren.

➤ **Ersatz:** Frische *Chilischoten und, anstelle von Sambal Manis, zusätzlich etwas *Palmzucker verwenden.

SCHNITTKNOBLAUCH
Chinalauch, Ku Chai

Grasähnliches Kraut, das mit Schnittlauch und Bärlauch verwandt ist.

➤ **Herkunft:** China.

➤ **Verwendung:** Rundet in der chinesischen Küche Pfannengerührtes aus dem Wok ab. In Südostasien, Indien und Philippinen als Würze für Suppen, Saucen, Fleischgerichte, Salate und gedünstet odet sautiert als Gemüsebeilage.

➤ **Geschmack:** Leicht scharf nach Frühlingszwiebeln und Knoblauch.

➤ **Angebot:** Frisch im Topf und im Bund.

➤ **Qualität/Einkauf:** Im Asienladen ganzjährig im Bund, im großen Gartenmarkt oder Fruchthandel auch im Topf. Es lohnt sich, ihn selbst zu ziehen oder beim Gemüsehändler vorzubestellen.

➤ **Zubereitung:** Schnittknoblauch waschen und nach Belieben fein schneiden. Erst kurz vor Ende der Garzeit an das Gericht geben. Die Blüten kann man mitessen.

➤ **Selbst gemacht:** Gedeiht gut im Topf oder Balkonkasten. Die Aussaat gelingt nur selten, besser eine junge Pflanze kaufen und einsetzen. Schnittknoblauch muss an einem hellen Platz stehen und reichlich gegossen werden. Er verträgt sich nicht mit Petersilie.

➤ **Rezepttipp:** Probieren Sie Schnittknoblauch einmal als Gemüse. Dafür die Kräuter einfach kurz in etwas Öl andünsten.

➤ **Lagerung/Haltbarkeit:** In ein feuchtes Tuch gewickelt in einer Plastiktüte kann er im Kühlschrank zwei Tage aufbewahrt werden.

➤ **Ersatz:** Gericht mit Schnittlauch oder Frühlingszwiebeln und Knoblauch würzen.

➤ **Wissenswert:** Harmoniert hervorragend mit vielen Gerichten der europäischen Küche, z.B. mit gebratenen Champignons.

SENFSAMEN

Hellgelbe bzw. schwarze Samenfrüchte der Senfpflanze.

➤ **Herkunft:** Je nach Sorte Indien, Iran, Kleinasien, China, aber auch Mittelmeergebiet, Mitteleuropa und Südamerika.

➤ **Verwendung:** In der indischen Küche zum Aromatisieren von Currys, Raitas und Chutneys beliebt, außerdem für Gemüse- und Fischgerichte.

➤ **Geschmack:** Zunächst mild-aromatisch, dann mit scharf-brennender Note, die sich in Verbindung mit Wasser oder beim Kochen entwickelt.

➤ **Angebot:** Ganze Körner und gemahlen.

➤ **Sorten:** Indischer Braunsenfsamen und der hellere Chinesische Senfsamen sind im Geschmack ähnlich wie der Schwarze Senfsamen. Der Weiße Senfsamen ist nur in Asien verbreitet.

➤ **Qualität/Einkauf:** Im Asienladen, Supermarkt und Bioladen. Am besten ganze Samen kaufen.

➤ **Zubereitung:** Damit sich das Aroma gut entfalten kann, die Senfsaat vor der Verwendung trocken oder in wenig Öl rösten. Einen Deckel bereithalten, die Samen »springen«.

➤ **Lagerung/Haltbarkeit:** Senfsamen sind anspruchslos. Gut verpackt – z.B. in einem Schraubverschlussglas – können sie im Vorratsschrank ein bis zwei Jahre aufbewahrt werden.

➤ **Rezepttipp:** Für eine würzige Fleischpanade Senfsamen im Mörser zerstoßen.

➤ **Ersatz:** Schwarzer *Pfeffer passt oft, verleiht dem Gericht aber ein etwas anderes Aroma.

➤ **Wissenswert:** Senf, wie wir ihn kennen, ist in Asien kaum üblich.

Winzige, sehr ölhaltige Samen der Sesampflanze.

➤ **Herkunft:** Asien/Indien, auch Afrika, Mittel- und Südamerika.

➤ **Verwendung:** In Indien hauptsächlich für Süßspeisen. In Korea Zutat vieler salziger Gerichte. Geröstet und gemahlen auch Bestandteil koreanischer und japanischer Saucen und Marinaden sowie der japanischen Gewürzmischung *Shichimi Togarashi und von *Gomasio. In der chinesischen Küche für Süßspeisen und Gebäck.

➤ **Geschmack:** Lieblich-nussig, ungeschält leicht bitter.

➤ **Angebot:** Ganze Samenkörner, geschält und ungeschält, hell und dunkel.

➤ **Sorten:** Verbreitet sind vor allem die hellen Samen, das Aroma von schwarzem Sesam ist gewöhnungsbedürftig, er schmeckt etwas »erdig«. Japanische Sesamsamen sind etwas dicker und haben einen nussigeren Geschmack.

➤ **Qualität/Einkauf:** Empfehlenswert ist Sesam ohne Schale. Sesam guter Qualität wird im Bioladen, Reformhaus, Asienladen und im Supermarkt in der Bio- oder Diätabteilung angeboten. Nur kleine Mengen kaufen.

➤ **Zubereitung:** Damit sich das Aroma gut entfalten kann, den Sesam in einer Pfanne ohne Fett rösten, bis er zu duften beginnt. Dann über das Gericht streuen. Ob für ein asiatisches Gericht helle oder dunkle Samen verwendet werden, hängt meist weniger vom Geschmack als vielmehr von der gewünschten Farbkombination ab.

➤ **Rezepttipp:** Fischstücke, Frikadellen oder Schnitzel werden schön knusprig, wenn man sie vor dem Braten in Sesam wendet.

➤ **Lagerung/Haltbarkeit:** Luftdicht, trocken und dunkel gelagert, hält Sesam fast ein Jahr. Bei warmer Lagerung wird er ranzig.

➤ **Ersatz:** Lässt sich nicht ersetzen, notfalls weglassen.

➤ **Wissenswert:** Sesamsamen enthalten mehrfach ungesättigte Fettsäuren, hochwertiges pflanzliches Eiweiß und viele Vitalstoffe.

SHICHIMI TOGARASHI
Siebengewürz

Gewürzmischung, meist aus *Chiliflocken, *Sichuan-Pfeffer, weißen und schwarzen *Sesamsamen oder manchmal auch *Senfsamen, getrockneten *Nori-Algen, Mandarinenschalen und weißem Mohn.

➤ **Herkunft:** Japan.

➤ **Verwendung:** Aromatischer »Scharfmacher« der japanischen Küche – vor allem für Suppen und Gegrilltes.

➤ **Geschmack:** Würzig-scharf.

➤ **Qualität/Einkauf:** Im Asienladen.

➤ **Zubereitung:** Das Gericht erst am Ende der Garzeit mit Shichimi Togarashi abschmecken. Zum Nachwürzen am Tisch bereitstellen.

➤ **Selbst gemacht:** Je 1 TL grob gemahlenen weißen und schwarzen *Sesam mit 1 TL fein gehackten *Nori-Algen, 3 TL *Chiliflocken, je 1 TL gemahlenem Mohn und *Sichuan-Pfeffer und 1 TL getrockneter, abgeriebener Orangenschale vermischen.

➤ **Rezepttipp:** Für einen japanischen Dip 1 walnussgroßes Stück Ingwer schälen und fein schneiden. Mit 100 ml japanischer *Sojasauce, 2 EL kräftiger *Dashi-Brühe und 2-3 Messerspitzen Shichimi Togarashi verrühren. Passt gut zu gegrilltem oder kurzgebratenem Fleisch.

➤ **Lagerung/Haltbarkeit:** In einem dunklen, dicht schließenden Gefäß. Vor Feuchtigkeit und Sonnenlicht schützen, diese beeinträchtigen das Aroma.

➤ **Ersatz:** Gericht mit *Chiliflocken und *Sichuan-Pfeffer würzen.

Fester, saftiger bräunlicher Würz- und beliebter Speisepilz.

➤ **Herkunft:** Ursprünglich Japan, China, heute auch Europa.

➤ **Verwendung:** Beliebt in vielen asiatischen Küchen, vor allem in China und Japan – als Speisepilz und als Würzzutat.

➤ **Geschmack:** Intensives Pilzaroma, leicht lauchartige Schärfe.

➤ **Angebot:** Frisch und getrocknet als ganze Pilze oder geschnitten.

➤ **Sorten:** Da getrocknete Shiitake ein intensiveres Aroma haben, werden für manche Gerichte frische Pilze vorgezogen.

➤ **Qualität/Einkauf:** Frische Pilze im Supermarkt, Feinkostgeschäft und Asienladen oder beim Gemüsehändler. Frische erkennt man daran, dass sie schön fleischig gold- bis dunkelbraun aussehen und gewölbte Hüte haben. Getrocknete Pilze im Supermarkt und Asienladen – meist als Tongku-Pilze.

➤ **Zubereitung:** Bei frischen Pilzen die Stiele kürzen, weiterer Abfall entsteht nicht. Garzeit: 15-20 Minuten. Getrocknete Pilze mit warmem Wasser übergießen und 10-20 Minuten einweichen lassen. Nach dem Quellen die Stiele abschneiden oder herausdrehen, sie bleiben zäh. Eingeweichte Pilze im Sieb abspülen. Das Einweichwasser können Sie gefiltert für eine Sauce mitverwenden.

➤ **Lagerung/Haltbarkeit:** Frische Pilze nicht auf Vorrat kaufen, sie verderben auch im Kühlschrank leicht. Getrocknete Shiitake gut verpackt im Vorratsschrank lagern, Mindesthaltbarkeitsdatum beachten.

➤ **Ersatz:** Andere Pilze können das Aroma nicht direkt ersetzen, die meisten sind nicht so aromatisch. Shiitake ähneln am ehesten unseren Steinpilzen.

➤ **Wissenswert:** 25 Gramm getrocknete Pilze ergeben nach dem Quellen etwa 100 Gramm. In Japan werden die Pilze auf dem Holz des Pasaniabaums gezüchtet. Daher stammt auch der Name: »Shii« heißt Pasaniabaum. »Take« ist das japanische Wort für Pilz.

SICHUAN-PFEFFER

Blüten-Pfeffer, Szechuan-Pfeffer, Sansho (jap.)

Getrocknete rotbraune Beerenfrüchte des Pfeffer-Gelbholzbaums.

➤ **Herkunft:** China, Japan, Korea.

➤ **Verwendung:** Aromatischer Scharfmacher für japanische, koreanische und chinesische Fisch- und Fleischspezialitäten. Bestandteil des chinesischen *Fünfgewürz-Pulvers und der japanischen Würzmischung *Shichimi Togarashi.

➤ **Geschmack:** Kräftig-aromatisch – aber nicht zu scharf – mit ganz leichter Zitronennote.

➤ **Angebot:** Ganze Körner und gemahlen.

➤ **Qualität/Einkauf:** Sichuan-Pfeffer wird im Supermarkt oft unter dem Namen Szechuan-Pfeffer angeboten, im Asienladen auch unter dem japanischen Namen Sansho-Pfeffer. Es empfiehlt sich, ganze Körner zu kaufen. Sichuan-Pfeffer lässt sich mit einer Pfeffermühle mahlen.

➤ **Zubereitung:** Damit sich das Aroma gut entfalten kann, die Sichuan-Pfefferkörner vor der Verwendung in einer Pfanne ohne Fett rösten. Dann im Mörser zerstoßen oder mit einer Pfeffermühle frisch mahlen. Für Marinaden ganze Körner verwenden.

➤ **Lagerung/Haltbarkeit:** Gemahlenen Sichuan-Pfeffer möglichst bald aufbrauchen. Ganze Pfefferkörner können, vor Sonnenlicht und Feuchtigkeit geschützt, problemlos ein Jahr und länger aufbewahrt werden.

➤ **Ersatz:** Schwarzer *Pfeffer.

➤ **Wissenswert:** Szechuan ist die frühere deutsche Umschreibung für die chinesische Provinz Sichuan. Der chinesische Name »Hua-Jiao« heißt übersetzt »Blüten-Pfeffer«.

SOJASAUCE

Würzsauce aus fermentierten Sojabohnen, eventuell Weizen, Wasser und Salz.

➤ **Herkunft:** Ursprünglich China. Hauptproduzenten in Ostasien sind heute China, Japan und Indonesien.

➤ **Verwendung:** Allround-Würze, die in vielen asiatischen Ländern anstelle von Salz verwendet wird: für Marinaden, zum Würzen von Fleisch, Fisch, Gemüse, Suppen, Salaten, Reis und Nudeln. In Japan auch zum Dippen von Sushi und rohem Fisch.

➤ **Geschmack:** Würzig-salzig, je nach Herstellungsland auch mit leicht süßlicher Note.

➤ **Angebot:** In Flaschen.

➤ **Sorten:** Chinesische Saucen sind meist dunkel und sehr würzig, manchmal mit bitterem Nachgeschmack. Japanische Saucen sind in der Regel feiner, werden traditionell aus Sojabohnen, Weizen, Wasser und Meersalz gewonnen (Shoyu). Die kräftige Tamari besteht nur aus Sojabohnen, Wasser, Salz und Gärungsmitteln. Indonesische Würzsauce auf Sojabasis heißt *Kecap (Ketjap) und schmeckt wesentlich süßlicher.

➤ **Qualität/Einkauf:** Gute Qualitäten werden im Supermarkt, Bioladen und Reformhaus angeboten, oft auch unter den japanischen Namen Tamari oder Shoyu. Traditionell werden Sojasaucen in einem mindestens sechs Monate dauernden Prozess hergestellt. Kaufen Sie keine Saucen, die im Schnellverfahren produziert wurden. Hinweise darauf gibt die Zutatenliste: wenn beispielsweise Karamell, künstliche Aromen oder Zucker genannt werden.

➤ **Zubereitung:** Sojasaucen enthalten bis zu 20 Prozent Salz. Deshalb mit zusätzlichem Salz sparen.

➤ **Lagerung/Haltbarkeit:** Flaschen immer gut verschließen, nach dem ersten Öffnen im Kühlschrank aufbewahren.

SPEISEÖLE

Zum Braten, Backen, Frittieren und auch zur geschmackli-
chen Abrundung von Speisen greifen fernöstliche Köche meist
zu Öl. Nur in Indien wird häufig auch geklärte Butter, *Ghee,
in China manchmal auch Schweineschmalz verwendet.

➤ **Erdnussöl** wird aus gepressten, gehäuteten Erdnusskernen
gewonnen. Da es schadlos Hitze übersteht, fast geruchlos ist und
nur wenig Eigengeschmack hat, leistet es in der asiatischen Küche
als Allroundtalent gute Dienste. Es lässt sich gut mit anderen
Zutaten kombinieren, ist ideal zum scharfen Anbraten im Wok
geeignet. Erdnussöl wird – meist raffiniert – in großen Super-
märkten, im Bioladen, Reformhaus und Asienladen angeboten.
Erdnussöl besteht etwa zur Hälfte aus einfach ungesättigten
Fettsäuren. Diese sind für das Garen bei hohen Temperaturen
vorteilhaft.

➤ **Sojaöl** kann wie Erdnussöl sehr hoch erhitzt werden. Es eignet
sich deshalb ebenfalls glänzend zum Frittieren und Braten in der
asiatischen Küche. Das Öl aus der vielseitigsten Bohne der Welt wird
nie kaltgepresst gewonnen, da rohe Sojabohnen gesundheitsschäd-
liche Stoffe enthalten. Qualitätsunterschiede ergeben sich eher durch
den Anbau der Sojabohne. Sojaöle guter Qualität werden im
Bioladen oder im Reformhaus angeboten. Im Supermarkt verbirgt
sich Sojaöl auch häufig hinter preiswertem »pflanzlichem Öl« oder
einfachem »Delikatessöl«.

➤ **Kokosöl** für die Küche ist eigentlich Kokosfett. Es wird aus dem
Fleisch der Kokosnuss gewonnen. Mit seiner weißen Farbe ähnelt es
eher Fett als Öl, wird deshalb auch als Kokosbutter oder Kokosfett
bezeichnet. Frisches Kokosfett schmeckt und riecht nussig-aromatisch
und hat einen hohen Schmelzpunkt. In Thailand und Indonesien
wird es gern zum scharfen Anbraten und Frittieren verwendet.

➤ **Sesamöl** verleiht Speisen ein intensiv nussiges Sesamaroma. In Japan, Korea und China wird das kostbare Öl tropfenweise verwendet – als Gewürz. Zum Anbraten und Hocherhitzen sollte man lieber ein preiswerteres Öl wählen. Das dunkle Öl aus geschrotetem und geröstetem Sesam wird im Reformhaus, Asienladen oder Bioladen angeboten. Im Supermarkt gibt es auch raffiniertes, d.h. gereinigtes und gebleichtes Sesamöl, das sich zum Braten und Frittieren gut eignet, geschmacklich aber mit dem dunklen Öl nicht zu vergleichen ist. Sesamöl hat einen hohen Anteil an lebensnotwendigen, mehrfach ungesättigten Fettsäuren.

Tipps:

➤ Zum Frittieren und Garen im Wok am besten Öle verwenden, die bis auf 200° erhitzt werden können, z.B. Soja- und Erdnussöl. Nicht hitzestabil sind Öle mit einem hohen Anteil an ungesättigten Fettsäuren und kaltgepresste Öle.

➤ Die meisten Speiseöle werden leicht ranzig und vertragen kein Licht. Deshalb am besten vor Sonnenlicht geschützt in einem möglichst kühlen Vorratsschrank aufheben, auf keinen Fall wochenlang neben dem Herd stehen lassen. Lieber kleine Mengen kaufen und einmal geöffnete Flaschen rasch aufbrauchen.

➤ Als Ersatz für Erdnuss- und Sojaöl können auch geschmacksneutrales Raps- oder Sonnenblumenöl eingesetzt werden. Aber auf keinen Fall Olivenöl, dessen intensiver Geschmack passt nicht zur asiatischen Küche. Auch Margarine oder Butter sollten im Kühlschrank bleiben, wenn asiatisch gekocht wird.

STERNANIS
Chinesischer oder Indischer Anis

Getrocknete sternförmige Samenfrucht eines Magnolienbaums.

➤ **Herkunft:** Südchina, Vietnam, Kambodscha, Thailand, Japan, Indien, Russland, auch Karibik.

➤ **Verwendung:** Solo und in Würzmischungen, z.B. in chinesischem *Fünfgewürz-Pulver, manchmal in indischem *Garam Masala. Verleiht Fleisch-, Geflügel-, Reis-, Eier- und Gemüsegerichten in Indien, China und Südostasien eine zart-würzige Anisnote.

➤ **Geschmack:** Süßlich-kräftig mit feuriger Note und Anis-Duft.

➤ **Angebot:** Ganze getrocknete Früchte, geschrotet und gemahlen.

➤ **Sorten:** Sternanis ist mit dem hier zu Lande häufiger verwendeten Anissamen verwandt, hat aber ein kräftigeres Aroma. Leicht verwechselt werden kann Sternanis mit der äußerlich sehr ähnlichen, aber hochgiftigen Shikimmifrucht.

➤ **Qualität/Einkauf:** Sternanis am besten als kontrollierte Ware von bekannten Gewürzherstellern kaufen.

➤ **Zubereitung:** Zum Würzen von Fleisch und anderen Gerichten je nach gewünschter Intensität nur einen Zacken oder einen ganzen Stern mitgaren. Vor dem Servieren entfernen.

➤ **Lagerung/Haltbarkeit:** Da Sternanis reich an ätherischen Ölen ist, hält er sich gemahlen nicht lange. Sein Aroma löst sich innerhalb eines halben Jahres buchstäblich in Luft auf. Ganze Sternanisfrüchte können im Vorratsschrank ein Jahr und länger aufbewahrt werden.

➤ **Ersatz:** Anissamen.

➤ **Wissenswert:** Schon vor mehr als 3000 Jahren war Sternanis als Gewürz in China bekannt.

Klebrig-braunes, gepresstes Fruchtmark der Früchte des Tamarindenbaums.

► **Herkunft:** Asien, vor allem Indien, auch Südamerika.

► **Verwendung:** Sorgt in Gerichten aus den Küchen Thailands, Indonesiens, Singapurs, Laos und Kambodschas für säuerliches Aroma, vor allem bei Gerichten mit Fisch und Meeresfrüchten. Wird in Indien als süß-säuerliches Würzmittel für Desserts und Erfrischungsgetränke verwendet, auch zum Andicken und Säuern von pikanten Gerichten, Chutneys und Saucen.

► **Geschmack:** Herb-säuerlich

► **Angebot:** Zu kleinen Blöcken gepresst, als Mus oder Paste im Glas sowie in flüssiger Form.

► **Qualität/Einkauf:** Zu Blöcken gepresstes Fruchtmark im Asienladen. Es muss vor der Verwendung eingeweicht, geknetet, und abgeseiht werden. Zugreifen lohnt sich bei flüssigem Tamarindenkonzentrat: Es ist einfacher zu verarbeiten und zu dosieren.

► **Zubereitung:** Ein walnussgroßes Stück Tamarindenmark vom Block in etwa 100 ml heißem Wasser 10 Minuten einweichen, dann mit den Fingerspitzen zerdrücken und kneten, bis es weich ist. Aufgelöstes Mark durch ein Sieb abseihen oder passieren. Das so gewonnene Tamarindenkonzentrat kann nun wie Flüssigkonzentrat mitgegart oder zum Abschmecken verwendet werden.

► **Lagerung/Haltbarkeit:** Tamarindenmarkblöcke immer wieder gut verpacken, Gläser oder Flaschen mit Konzentrat gut verschließen und jeweils im Kühlschrank aufbewahren.

► **Ersatz:** Das Gericht mit Zitronensaft abschmecken, dieser verleiht ihm jedoch eine etwas andere Note.

► **Wissenswert:** Frische Tamarinden schmecken ebenfalls sehr gut: Um das fein-säuerliche Fruchtfleisch genießen zu können, die Schale mit den Fingern aufknacken, seitlich wegziehen und das Fruchtmark von den Kernen »abzuzeln«.

THAI-BASILIKUM
Bai horapha, Bai manglak, Bai grapau (thail.)

Gewürzkraut.

➤ **Verwendung:** Nicht nur in Thailand, auch in Laos und Kambodscha beliebtes Küchenkraut für Fleisch-, Fisch- und Gemüsecurrys sowie Salate und Suppen.

➤ **Geschmack:** Basilikumähnlich aber von intensiverem Aroma und mit leichter Anisnote.

➤ **Angebot:** Frisch.

➤ **Sorten:** Am häufigsten wird in Asien Bai horapha verwendet, das eine deutliche süße Anisnote hat und an den gezackten grünen Blättern und den roten Stängeln leicht zu erkennen ist. Besonders würzig, fast medizinähnlich, duftet Bai grapau, das »heilige Blatt«, dessen Stängel und auch Blattspitzen rötlich gefärbt sind und das ursprünglich aus Indien stammt. Bai manglak hat kleine Blätter und wird wegen seines Duftes auch Zitronenbasilikum genannt.

➤ **Qualität/Einkauf:** Frisches Thai-Basilikum im Asienladen, manchmal auch beim Gemüsehändler oder im Bioladen.

➤ **Selbst gemacht:** Thai-Basilikum gedeiht bei ausreichender Sonnenbestrahlung auf der Fensterbank oder dem Balkon. Samen bieten Asienläden oder Samenhandlungen bzw. -versandhäuser an.

➤ **Zubereitung:** Frisches Thai-Basilikum waschen, trockenschütteln. Die Blätter abzupfen und klein schneiden oder – wie z.B. in Vietnam üblich – im Ganzen über Salate oder warme Gerichte streuen. Ob geschnitten oder ganz: Thai-Basilikum verliert durch Hitze an Aroma. Deshalb die Blätter nicht lange mitgaren, sondern erst zum Schluss untermischen.

➤ **Lagerung/Haltbarkeit:** Thai-Basilikum ist empfindlich. Kurzfristig kann es in ein feuchtes Tuch gewickelt in einer Plastiktüte im Kühlschrank aufbewahrt werden.

➤ **Ersatz:** Italienisches Basilikum, das jedoch milder würzt.

Sojabohnenquark.

➤ **Herkunft:** Asien.

➤ **Verwendung:** In großen Teilen Asiens ein traditionelles Grundnahrungsmittel – vor allem in Regionen, in denen kaum Milchprodukte verzehrt werden, etwa China, Japan, Thailand oder Indonesien. Wird mariniert, gekocht, gebraten oder gegrillt, für Suppen, Gemüsegerichte und Desserts verwendet.

➤ **Geschmack:** Tofu hat kaum Eigengeschmack, er nimmt leicht das Aroma und die Würze anderer Zutaten an.

➤ **Angebot:** Frisch und geräuchert, meist vakuumverpackt.

➤ **Sorten:** Tofu wird von fester und weicher Konsistenz, frisch und geräuchert, gelb, weiß und fermentiert, gesalzen und ungesalzen angeboten.

➤ **Qualität/Einkauf:** In großer Auswahl im Asienladen, Reformhaus und Bioladen. Auch viele Supermärkte bieten mindestens eine Tofusorte an, meistens festen. Haltbarkeitsdatum beachten.

➤ **Zubereitung:** Egal ob gewürfelt, in Scheiben, püriert oder zerkrümelt, gedünstet, gegrillt oder gebraten: Da Tofu wenig Eigengeschmack besitzt, sollte er vor dem Verzehr kräftig gewürzt werden. Tofu schmeckt auch kalt, z.B. klein gewürfelt über Salate gestreut. Am bekömmlichsten ist er jedoch erhitzt. Für eine cremige Variante Tofu 10 Minuten in Wasser kochen und mit etwas *Miso und Kräutern pürieren. Bei Gerichten, die lange gekocht werden müssen, den Tofu zuvor in einer Pfanne ohne Fett anbraten.

➤ **Lagerung/Haltbarkeit:** Nach Öffnen der Folienverpackung kann er im Kühlschrank mit reichlich Wasser bedeckt noch einige Tage aufbewahrt werden. Das Wasser täglich wechseln.

➤ **Ersatz:** *Miso für Suppen oder Tempeh zum Frittieren und für Eintöpfe können als Ersatz dienen. Tempeh ist ein indonesisches Sojabohnen-Produkt, das auf Grund seiner Form auch Sojabrot genannt wird.

WAKAME
Seetang, Algen

Getrocknete Braunalge.

➤ **Herkunft:** China, Japan.

➤ **Verwendung:** In Japan typische Zutat von Suppen, Eintöpfen und Gemüsegerichten.

➤ **Geschmack:** Herb-salzig, Meergeschmack.

➤ **Angebot:** Wird meist getrocknet angeboten, in Streifen oder kleine Stücke geschnitten.

➤ **Sorten:** Im Asienladen werden neben Wakame auch verwandte Algenarten angeboten: z.B. Hijiki, eine schwarze Algenart, die wie Teeblätter aussieht und beim Kochen ihr Volumen verfünffacht. Arame, eine braune Meeresalge, oder auch Kombu, ebenfalls eine Braunalge, die in Europa auch Kelp heißt und vor allem zum Garen der *Dashi-Brühe verwendet wird.

➤ **Qualität/Einkauf:** Im Asienladen, Bioladen und Reformhaus. Auch in Form von Instant-Wakame-Algen, die vor der Weiterverarbeitung nicht eingeweicht werden müssen.

➤ **Zubereitung:** Die getrockneten Wakame-Streifen oder -Stücke vor der Zubereitung einweichen, sie müssen nicht mehr gekocht werden. Instant-Wakame können ohne Einweichen einfach in warme Flüssigkeit eingerührt werden.

➤ **Rezepttipp:** Für eine japanische Suppe 10-12 g Wakame einweichen, 100 g *Tofu in Würfel schneiden. 750 ml *Dashi-Brühe mit 3 TL *Sojasauce aufkochen. Tofu unterrühren. Wakame auspressen und in Suppenschalen verteilen. Mit Dashi-Brühe auffüllen.

➤ **Lagerung/Haltbarkeit:** Trocken lagern, vor Sonne schützen.

➤ **Ersatz:** Andere Algenart. Wer Algen nicht mag, verwendet blanchierten, in Streifen geschnittenen Spinat oder Mangold.

➤ **Wissenswert:** Reich an Kalzium, Phosphor, Vitamin A, Eisen und Jod, sehr kalorienarm. Auch in der vegetarischen Küche sehr beliebt.

WASABI
Japanischer Meerrettich

Paste oder Pulver aus grünem Meerrettich.

➤ **Herkunft:** Ostasien, vor allem Japan.

➤ **Verwendung:** Die wichtigste Würzpaste der japanischen Küche, vor allem für Meeresfrüchte, für Sushi und Sashimi (in Scheiben geschnittener roher Fisch). Außerdem für japanische Nudelgerichte, Dips und Saucen.

➤ **Geschmack:** Höllisch-scharf.

➤ **Angebot:** Als fertige Paste in der Tube oder in einer kleinen Dose als Pulver zum Anrühren.

➤ **Qualität/Einkauf:** Pulver und fertige Paste gibt es im Asienladen Paste ist empfehlenswert, wenn Wasabi in größerer Menge verwendet und innerhalb kurzer Zeit aufgebraucht wird. Pulver zum Anrühren ist praktischer, wenn nur kleine Portionen benötigt werden.

➤ **Zubereitung:** Vor dem Anrühren des Pulvers die Dosenaufschrift lesen. In der Regel reicht es, 1 TL Pulver jeweils mit 2-3 TL Wasser zu verdünnen. Einige Minuten quellen lassen.

➤ **Lagerung/Haltbarkeit:** Wasabipaste aus der Tube verliert – einmal geöffnet – auch im Kühlschrank innerhalb eines halben Jahres ihr Aroma. Pulver kann im fest verschlossenen Döschen wesentlich länger lagern (Mindesthaltbarkeit beachten). Frisch angerührtes Pulver sofort verbrauchen.

➤ **Ersatz:** Weißer Meerrettich – frisch gerieben oder aus dem Glas.

➤ **Wissenswert:** Anders als z.B. Chilischärfe verfliegt diese Schärfe nach dem Essen schnell wieder, so dass die Zunge nicht noch lange »brennt«.

WASSERKASTANIEN
Wassernüsse, Chinesische Kastanien

Weißrosa-fleischige Fruchtknollen einer Sumpfpflanze.

➤ **Herkunft:** Ursprünglich Indien und Afrika, heute China, Südostasien, vor allem Philippinen.

➤ **Verwendung:** Chinesen und Ostasiaten genießen Wasserkastanien als Obst, als Gemüsebeilage, als Zutat pikanter Fleisch- und Gemüsegerichte, zu weichem Garnelen- oder Hähnchenfleisch sowie in Süßspeisen.

➤ **Geschmack:** Süß-säuerlich, erfrischend, knackig.

➤ **Angebot:** Meist in Dosen.

➤ **Qualität/Einkauf:** Im Asienladen, manchmal auch im gut sortierten Feinkostgeschäft. Teuer.

➤ **Zubereitung:** Wasserkastanien aus der Dose abtropfen lassen und zerkleinern oder als ganze Früchte verwenden. Frische Wasserkastanien wie einen Apfel schälen.

➤ **Lagerung/Haltbarkeit:** Wasserkastanien, die nicht gleich verarbeitet werden, in ein dicht schließendes Gefäß umfüllen. Können mit frischem Wasser bedeckt noch zwei Wochen im Kühlschrank aufbewahrt werden. Das Wasser täglich wechseln.

➤ **Wissenswert:** Wasserkastanien enthalten sehr viel Stärke, deswegen wird auch Wasserkastanien-Mehl angeboten. In der chinesischen Medizin gelten Wasserkastanien als »kalt« und damit als gutes Mittel gegen innere Hitze.

Schilfartiges dickes Gras.

➤ **Herkunft:** Südostasien, vor allem Thailand und Kambodscha, Indien, Sri Lanka, auch Brasilien, Westafrika.

➤ **Verwendung:** Verleiht thailändischen und indonesischen Fleisch-, Fisch- und Gemüsegerichten eine feine Zitronennote. Oft auch in *Sambals und *Currypasten.

➤ **Geschmack:** Zitronenähnlich mit aromatischem Duft.

➤ **Angebot:** Frisch, getrocknet oder auch als Pulver.

➤ **Qualität/Einkauf:** Frisches Zitronengras im Asienladen und gut sortierten Feinkostgeschäft, getrocknetes Zitronengras in Streifen oder als Pulver auch unter dem Namen Sereh.

➤ **Zubereitung:** Trockene und lose äußere Blätter vom Stängel entfernen. Stängel waschen und kürzen. Verwendet wird nur das zwiebelartig verdickte untere Ende. Davon auch den Wurzelansatz abschneiden. Was übrig bleibt, muss grob zerteilt oder zerdrückt oder ganz fein gehackt werden, damit das Zitronengras sein Aroma gut entfalten kann. Es kann mitgegart und roh z.B. über Salate gestreut werden. Zum Aromatisieren auch mal einen ganzen geputzten, etwas weich geklopften Zitronengrasstängel in Currys mitköcheln.

➤ **Rezepttipp:** Wer aromatischen Tee liebt, brüht nicht verwendete, gewaschene Zitronengrasstängel mit schwarzem Tee auf.

➤ **Lagerung/Haltbarkeit:** Frisches Zitronengras kann in ein feuchtes Küchentuch und eine Plastiktüte gewickelt einige Tage im Gemüsefach des Kühlschranks aufbewahrt werden. Getrocknetes Zitronengras in dunklen, dicht schließenden Gläsern aufbewahren.

➤ **Ersatz:** Frisch geriebene unbehandelte Limetten- oder Zitronenschale, verleiht Gerichten aber eine etwas andere Note.

➤ **Wissenswert:** Trotz Namensgleichheit haben Zitronengras und Zitronen nichts miteinander zu tun. Seinen Namen verdankt es dem zitronenähnlichen Duft der enthaltenen ätherischen Öle.

KÜCHENPRAXIS
Einkauf – Vorrat

➤ **Phantasie ist gefragt:** Wenn Sie das gewünschte Kraut oder Gewürz nicht gleich im Ladenregal entdecken, bitte nicht sofort aufgeben; einfach mal Produkte mit ähnlich klingendem Namen ansehen! Denn die Bezeichnung für asiatische Lebensmittel variieren häufig in der Schreibweise. Asiatische Schriftzeichen werden unterschiedlich umschrieben, Namen unterschiedlich – und vor allem über den Umweg verschiedener Sprachen – übersetzt. Die chinesische Provinz Sichuan schreibt sich in alter Umschreibung Sze Chuan. Indonesische Produkte werden häufig über die Niederlande importiert, weswegen sie mit holländischer Etikettierung im Regal stehen. Aus dem Krabbenbrot Krupuk wird so das »holländische« Kroepoek. Indische Lebensmitteln werden oft noch mit ihren englischen Bezeichnungen, etwa »Vindaloo«, »Panang« oder »Musaman« geführt. Die deutschen Entsprechungen »Vindalu«, »Pänäng« und »Massaman« sind seltener.

➤ **Deckel angestoßen? Dose verbeult?** Asiatische Lebensmittel haben eine weite Reise hinter sich. Was beschädigt ist, kommt nicht in die (Einkaufs-)Tüte! Denn die Gefahr ist groß, dass auch der Inhalt zu wünschen übrig lässt.

➤ **Ganz oder gemahlen?** Wer eine elektrische Kaffeemühle oder spezielle Gewürzmühle besitzt, kauft Koriander, Kreuzkümmel und Co. am besten als ganze Samen und mahlt die dann bei Bedarf selbst zu Pulver. So liefern die Gewürze in jedem Fall das meiste Aroma. Die Kaffeemühle können Sie dann aber nicht mehr für Kaffeebohnen verwenden. Grob zerstoßen lassen sich Körner und Samen auch im Mörser. Das kostet aber Zeit und Mühe und so ein richtig feines Pulver erhält man nur mit großer Ausdauer. Da ist es praktischer, auf ein Aromaplus zu verzichten und das jeweilige Gewürz fertig gemahlen zu kaufen. Wenn die Gewürze im Ganzen mitgegart werden, gibt man Nelken oder Kardamomkapseln am besten in einen Teefilter. So lassen sie sich vor dem Servieren leicht entfernen.

➤ **Wundertüten, nein danke!** Mehrere angebrochene Päckchen in einer großen Tüte oder Dose zusammen aufzuheben ist so ziemlich das Schlimmste, was man Gewürzen antun kann. Die Aromen vermischen sich, die einzelnen Gewürze verlieren an Individualität, nehmen Geschmack und Geruch anderer Gewürze an.

➤ **Öffnungsdatum notieren.** Die Packungen mit einem wasserfesten Filzschrift beschriften, wann sie geöffnet wurde. Meist ist angegeben, wie lange sich Gewürze oder Pasten nach dem Öffnen noch halten.

➤ **Umpacken.** Zutaten aus dem Asienladen sind oft nur dürftig verpackt, die Verschlüsse schließen nach dem ersten Öffnen nicht mehr dicht. Gewürze, Reis oder Nudeln am besten in Einmachgläser umfüllen. Oder die geöffneten Tuten und Cellophanbeutel mit Hilfsmitteln wieder fest verschließen (z.B. mit einer Wäscheklammer). Auch Dosenreste sofort umfüllen. Inhalt und Dosenwand können eine chemische Verbindung eingehen. Und die bekommt z.B. Kokosmilch und Bambussprossen nicht.

➤ **Aromakiller Wärme und Licht.** Gewürze nicht über oder neben dem Herd aufstellen – auch wenn es noch so praktisch ist. Und auch an einem »Platz an der Sonne« fühlen sich Kreuzkümmel und Kurkuma nicht wohl.

➤ **Gewürze halten sich** am besten in dunklen, dicht schließenden Gläsern, die z.B. in Apotheken erhältlich sind. In Teegeschäften und India-Shops gibt es manchmal auch schöne Gewürzdosen aus Metall.

➤ **Exotische Früchte nicht in der Obstschale lagern.** Denn Bananen z.B. reifen nach der Ernte weiter und verströmen dabei ein Gas, das Äthylen genannt wird. Dieses lässt fruchtige Nachbarn schneller faulen.

REGISTER

Auf den angegebenen Seiten finden Sie Hinweise zu allen im folgenden genannten Lebensmittel. Fett hervorgehoben sind alle Schlagworte, unter denen die Lebensmittel-Steckbriefe im Kompass in alphabetischer Reihenfolge zu finden sind.

REGISTER